O Caminho para a Libertação do Sofrimento

O Caminho para a Libertação do Sofrimento

Angela Maria La Sala Batà

Tradução de
MERLE SCOSS

EDITORA PENSAMENTO
São Paulo

Título do original: *La via della liberazione dalla sofferenza*

Copyright © 1998 Angela Maria La Sala Batà.

Todos os direitos reservados. Nenhuma parte deste livro pode ser reproduzida ou usada de qualquer forma ou por qualquer meio, eletrônico ou mecânico, inclusive fotocópias, gravações ou sistema de armazenamento em banco de dados, sem permissão por escrito, exceto nos casos de trechos curtos citados em resenhas críticas ou artigos de revistas.

O primeiro número à esquerda indica a edição, ou reedição, desta obra. A primeira dezena à direita indica o ano em que esta edição, ou reedição, foi publicada.

Edição	Ano
1-2-3-4-5-6-7-8-9-10	02-03-04-05-06-07-08-09

Direitos de tradução para a língua portuguesa
adquiridos com exclusividade pela
EDITORA PENSAMENTO-CULTRIX LTDA.
Rua Dr. Mário Vicente, 368 – 04270-000 – São Paulo, SP
Fone: 272-1399 – Fax: 272-4770
E-mail: pensamento@cultrix.com.br
http://www.pensamento-cultrix.com.br
que se reserva a propriedade literária desta tradução.

Impresso em nossas oficinas gráficas.

Sumário

Prefácio 7

PARTE I
SIGNIFICADO, CAUSAS E ORIGENS DO SOFRIMENTO

1. O Mistério da Dor 11
2. Causas e Origens do Sofrimento 19
3. O Sofrimento como Sintoma e Sinal de Alarme 27
4. A Ilusão da Felicidade 37
5. A Ilusão da Liberdade 49
6. A "Absolutização" do Relativo 61

PARTE II
A LIBERTAÇÃO DO SOFRIMENTO

7. Do Sofrimento Estéril ao Sofrimento Criativo 73
8. Utilizar o Sofrimento Por Meio da Aceitação 83
9. Transcender o Sofrimento Por Meio do Desapego 93
10. Libertar-se do Sofrimento Por Meio da Transformação 103
11. A Descoberta da Felicidade e da Alegria Interior 109
12. A Passagem para uma Outra Consciência 119
Bibliografia 127

Prefácio

A possibilidade de encontrarmos um caminho para a libertação do sofrimento, tema central deste livro, pode parecer algo difícil ou mesmo impossível por todos aqueles que vêem somente a universalidade e a inevitabilidade da dor nesta Terra.

Na verdade, não parece haver qualquer saída para a dor, nem alguma explicação que a justifique, nem algum meio que a torne mais leve, nem mesmo alguma fé que a possa aliviar... Assim sendo, como é possível encontrarmos um caminho que nos liberte do sofrimento?

Temos de suportar a dor passivamente, sentindo-nos impotentes, frágeis, à mercê de forças desconhecidas e inexoráveis? Ou devemos nos rebelar, nos endurecer, nos tornar cínicos, destrutivos e desesperados?

Há, na realidade, uma terceira atitude que muitas vezes se revela inesperadamente quando, golpeados pela dor, encontramos força para não fugir dela, para não nos deixar abater, para não nos rebelar, mas para olhar a dor de frente e lhe perguntar: "O que você quer de mim?"

É então que, de súbito, pode surgir um raio de luz, um átimo de percepção consciente, revelando-nos que existe dentro de nós uma exigência profunda de "compreender" as causas e o significado da dor — essa condenação, aparentemente injusta, de toda a humanidade.

Pela primeira vez perceberemos que talvez seja possível encontrar uma solução para o sofrimento, se formos capazes, quando golpeados por ele, de não o rejeitar, mas de aceitá-lo corajosamente, com a intenção de conhecer sua causa e o que ele quer nos dizer. É nesse momento que a dor começa a revelar seu objetivo, sua utilidade, seu poder de despertar nossa consciência adormecida e estimular nossa mente a buscar a verdade.

A libertação gradual do sofrimento, portanto, só será possível se soubermos utilizá-lo como meio de crescimento e compreensão do verdadeiro sentido da vida. "A dor é um esclarecimento pelo qual temos de pagar", diz o poeta Ungaretti.

Todos aqueles que, por intermédio da dor, descobriram essa exigência de conhecer a verdade e começaram a se questionar, poderão talvez encontrar neste livro algum esclarecimento e algumas respostas.

Este livro, portanto, espera ser um auxílio para aqueles que, embora sofrendo, não se deixam abater; aqueles que lutam, que procuram compreender o significado e o objetivo da dor, para aproveitá-la e extrair dela uma energia positiva; e, sobretudo, aqueles que estão descobrindo que é exatamente nas profundezas do ser humano que se oculta a chave para encontrar a verdade e caminhar rumo à libertação e à luz.

Roma, 23 de setembro de 1998
Angela Maria La Sala Batà

PARTE I

SIGNIFICADO, CAUSAS E ORIGENS DO SOFRIMENTO

CAPÍTULO 1

O Mistério da Dor

A dor provém de baixo, da origem e, portanto, do passado; a alegria, em vez disso, flui do alto e, portanto, do futuro.

Carlo Molari

O tema da dor é um dos mais difíceis de analisar, mesmo sendo o que nos toca mais de perto. Cada um de nós, na verdade, já passou por momentos de sofrimento, de angústia, de abatimento. Cada um de nós já viu outras pessoas sofrerem, chorarem e se deixarem abater por circunstâncias adversas; e, pelo menos uma vez na vida, perguntou a si mesmo: "Por que existe dor? Por que o homem não consegue encontrar paz e felicidade na Terra? Por que Deus, se existe, permite o sofrimento?"

Essas perguntas, e outras semelhantes, certamente já nos ocorreram.

E nós, já encontramos a resposta para as nossas angustiosas perguntas?

No momento em que uma provação dolorosa nos golpeia diretamente, qualquer resposta ou explicação que antes aceitávamos não mais nos satisfaz; ela agora parece fria, distante e inadequada para aliviar nosso sofrimento.

Muitos estudiosos e pesquisadores, tanto leigos quanto religiosos, definiram a dor como "um mistério", porque sentiram a dificuldade, se não mesmo a impossibilidade, de explicar o significado e o objetivo da universalidade e inevitabilidade da dor.

No entanto, o sofrimento constitui o problema central da humanidade desde as origens da vida na Terra e deve ocultar um significado profundo, um "segredo" a ser descoberto. Para compreendermos sua mensagem, temos de enfrentar e aceitar corajosamente a dor, em todas as suas infinitas formas, pondo de lado aquelas reações emocionais de medo, de rejeição e de revolta que poderiam ofuscar nossa capacidade de reflexão, compreensão e intuição.

Precisamos assumir uma atitude interior de calma, receptividade e desapego, para podermos observar "do alto" o nosso sofrimento. Se conseguirmos agir assim, descobriremos, em primeiro lugar, que o problema da dor não pode ser resolvido do exterior, mas sim do interior; isto é, de um ponto de vista "psicológico". Na verdade, esse é essencialmente um estado de consciência, uma reação subjetiva às provações e aos acontecimentos dolorosos que nos golpeiam.

Para discutirmos esse assunto, portanto, precisamos ter em mente duas considerações fundamentais:

1. A dor é universal e inevitável.
2. A intensidade da dor varia de pessoa para pessoa, mesmo que as causas que a produziram sejam as mesmas. Logo, a dor é subjetiva e individual.

Essas duas considerações, quando compreendidas e aceitas, podem nos oferecer uma base e uma orientação para entendermos o significado do sofrimento e intuirmos quais são as verdadeiras causas que o produzem.

Morte, doença, pobreza, perda, desilusão, falência, separação, catástrofes... todos esses são acontecimentos e situações, individuais ou coletivos, que provocam dor. Todavia, a intensidade dessa dor não pode ser catalogada segundo uma ordem objetiva, porque, como dissemos, a dor é diferente de pessoa para pessoa.

Do que depende essa diferença?

Por que a sensibilidade, a capacidade de tolerância e o modo de reagir diferem de uma pessoa para a outra?

A psicóloga alemã Franziska Baumgarten, em seu livro *Le forze regolatrici della vita psichica* [As forças reguladoras da vida psíquica], afirma que o homem possui a capacidade de reagir ao sofrimento porque dentro dele existem "forças reguladoras" latentes que se põem em movimento por si mesmas na época da provação dolorosa, tendendo para a compensação e a solução do sofrimento. Todavia, Baumgarten admite que nem todas as pessoas são capazes de evocar essas forças interiores; desse modo, também ela percebeu a diversidade de reações do indivíduo e, sendo psicóloga, atribuiu esse fato a problemas de imaturidade psicológica.

Na história da humanidade, houve realmente aqueles que, diante das desventuras, provaram saber reagir com coragem, heroísmo, espírito de sacrifício, aceitação serena e busca incansável de soluções para as dificuldades, as perdas, as desgraças. E houve também os fracos, os indolentes, os derrotados, aqueles que não souberam reagir, que não tiveram força para combater as adversidades.

Nesses últimos, "as forças reguladoras" inerentes à natureza humana não se manifestaram. Por quê?

Essa diversidade de reações à dor nos leva a refletir e supor que elas podem derivar não somente de problemas psicológicos, mas também de um nível evolutivo diferente, que se revela com maior ou menor força interior.

Temos de admitir, portanto, que os homens não são todos iguais em termos de estado de consciência e nível de maturidade, porque eles estão em contínuo crescimento e evolução.

Assim, a diversidade de reações depende do grau evolutivo de cada pessoa, o qual corresponde essencialmente ao grau de desenvolvimento da sua consciência.

Por isso, se queremos compreender o significado e o objetivo do sofrimento, não podemos ignorar a lei da evolução; ela não é uma teoria abstrata, mas uma tendência ao crescimento e à transformação, presente em nós como em todas as manifestações e que podemos sentir em nossa vida.

Também a ciência do nosso tempo, por meio das pesquisas dos físicos no campo atômico e subatômico, chegou a admitir a presença de um movimento evolutivo cósmico no qual o homem tem importância determinante. Os cientistas chegaram a afirmar que existia um "projeto homem" desde o início da manifestação.

Eles consideram o homem um nível evolutivo "crítico", um "ponto de mutação", no qual se revela uma capacidade nova: a capacidade de "observar" a si mesmo. A ciência define o homem como *o observador*. Essa capacidade nasce do fato de que, no homem, a consciência está desperta. O momento em que surge o ser humano consciente de si mesmo assinala o início de um processo inexorável: a individualização da consciência cósmica.[1]

Nos reinos inferiores ao humano (mineral, vegetal e animal), é dada à forma a capacidade de evoluir; no reino humano, pelo contrário, é a consciência que cresce, se desenvolve e se expande, revelando-se aos poucos com crescente capacidade de reflexão, de observação e de percepção consciente.

Se aceitarmos essa visão da vida, aos poucos perceberemos duas verdades importantes:

---

1. Ver A. M. Batà, *L'uomo essere di transizione*, cap. 3.

1. O verdadeiro objetivo da vida humana é a evolução da consciência, que no homem se individualiza e se torna "autoconsciente". Por meio dessa autoconsciência, o homem descobre sua verdadeira natureza e sua origem divina.

2. A verdadeira natureza do ser humano está oculta profundamente dentro dele. Ela é como uma semente que deve se abrir, germinar e crescer por meio das experiências da vida na Terra.

Essas duas verdades precisam estar bem claras na nossa mente e têm de ser sempre levadas em conta se quisermos compreender o objetivo da vida e o significado da dor.

Perguntamo-nos então: "Como poderá o homem chegar a perceber essas duas verdades? Como poderá ele compreender que a vida na Terra — como aparece quando vista do exterior — é ilusória e irreal, e tem como objetivo fundamental despertar sua consciência adormecida para que ele reconheça sua missão no grande plano evolutivo cósmico?"

O homem deverá, necessariamente, passar por um longo e lento desenvolvimento da consciência, por meio de várias experiências e provações. Elas nem sempre serão fáceis; pelo contrário, freqüentemente se mostrarão difíceis e dolorosas.

A dor nasce exatamente da ignorância humana sobre o verdadeiro objetivo da vida e sua real natureza; ela nasce quando o homem não sabe que tem uma missão e um destino que o conduzirão a uma meta precisa.

A dor é causada pela identificação do homem com sua forma material e por sua incapacidade de reconhecer a tendência evolutiva da semente de consciência oculta dentro dele. Essa semente, como o fermento de que falam os Evangelhos, cresce inconscientemente para vir à luz e manifestar sua Essência Divina.

A causa da dor é exatamente o atrito criado entre essa identificação com a inércia da matéria e a tendência dinâmica da força evolutiva.

A dor, portanto, tem uma grande utilidade, uma vez que tira o homem de sua apatia, o estimula, o induz a se concentrar, a refletir, a se interiorizar para perguntar a si mesmo o porquê daquilo que acontece.

A dor ajuda o homem a se desapegar, ensina-lhe a renúncia e o sacrifício, o conduz pelo caminho árido e escuro da solidão até que ocorra a revelação da realidade luminosa que existe por trás de todas as provações difíceis.

O sofrimento é como o fogo que arde para fundir os minerais e separar o metal puro da matéria bruta. Assim como cada mineral tem uma diferente temperatura de fusão, também cada homem necessita de um grau diferente de sofrimento para que desperte sua consciência latente.

Toda vez que estivermos sofrendo precisamos nos perguntar: "Por que sofro? Como estou sofrendo? O que esta provação quer me dizer? O que ela quer me ensinar?"

Somente se conseguirmos responder a essas perguntas, a dor que nos golpeou poderá se transformar em consciência e libertar sua força evolutiva.

Assim, gradualmente se abre diante de nós a possibilidade de alcançarmos uma primeira meta, muito significativa e importante porque nos faz pressentir que um dia poderemos nos libertar da dor; essa meta é a conquista da serenidade no sofrimento.

A mística francesa Elisabetta Leseur afirma em seus diários que "sofrer e ser infeliz não são, de modo algum, a mesma coisa".

Essa experiência só pode ser ganha se nós, enquanto sofremos, tomamos consciência do significado e da verdadeira causa desse sofrimento, sentindo sua utilidade e seu poder evolutivo. Como a mãe que, embora sofrendo as dores do parto, está feliz porque espera a vinda de seu bebê, também nós poderemos aceitar o sofrimento e vivê-lo como um trabalho criativo, se soubermos que ele serve para trazer à luz uma nova consciência.

Infinitos são os testemunhos de homens e mulheres que viveram essa experiência tão profunda, verificando pessoalmente a realidade do poder criativo e transformador da dor e da sua mensagem de alegria futura.

Podemos então, realmente, conseguir nos libertar do sofrimento? É realmente possível, para o ser humano, encontrar a paz, a serenidade, a felicidade?

Podemos responder que sim, porque o verdadeiro destino do homem é alcançar um estado de consciência pleno, de perfeita harmonia e bem-aventurança. Oculto nas profundezas de sua Alma, esse estado já existe e o homem o intui obscuramente e por isso busca sempre a felicidade, sentindo ter direito dela. Mas ele a busca onde ela não se encontra jamais: no exterior, nas circunstâncias, nas pessoas, nos objetos..., quando deveria buscá-la nas profundezas de seu próprio ser.

Para alcançar essa meta, temos de percorrer um longo caminho, procurando os meios, a orientação, as atitudes que possam aos poucos nos ajudar a compreender as causas e o sentido real da dor, oferecendo-nos uma possibilidade de superá-la e dela nos libertarmos.

A dor, portanto, não é um mistério indecifrável. Ela é o efeito inevitável da condição em que se encontra o homem como ponto de encontro de duas forças: a força estática da matéria e a força dinâmica do Espírito, latente na semente de consciência oculta no homem. Essas forças lutam continuamente entre si, produzindo um atrito que dilacera o ser humano mas que é também necessário para o nascimento da consciência.

No decorrer deste livro retornaremos a esse assunto, porque ele contém a chave para o problema da dor.

Questionário

1. Como você reage à idéia da inevitabilidade da dor na Terra?

2. Você também acha que a dor é um "mistério"?

3. Você passou, na sua vida, por muitos acontecimentos dolorosos e muitos sofrimentos?

4. Você sempre pensa na dor de toda a humanidade, ou evita pensar nisso?

5. Você acredita que o sofrimento pode tornar as pessoas melhores ou piores?

6. Você sabe reagir positivamente à dor? Sente dentro de si a presença de "forças reguladoras" que ajudam você a aceitar a dor e aproveitá-la?

7. Você é capaz de se observar quando sofre?

8. Você compreende qual é o verdadeiro objetivo da vida na Terra?

9. Qual é o seu conceito de ser humano?

CAPÍTULO 2

Causas e Origens do Sofrimento

Com o cessar da luta cessa também a dor, pois esta deriva do desacordo, do atrito, dos movimentos antagônicos; quando toda a Natureza age em perfeita harmonia, não encontramos as condições que dão origem à dor.

Annie Besant

Nunca poderemos entender o significado e o objetivo da dor, à qual está sujeita toda a humanidade, se não alargarmos nossa visão, se não nos elevarmos, buscando inserir o sofrimento da humanidade em uma realidade universal.

Ésquilo, poeta e dramaturgo grego que era também filósofo, afirmou que a dor somente poderia ser superada se a pessoa a observasse com o "olhar do alto".

Esse olhar do alto é o único remédio para a dor, diz Ésquilo, porque nos faz tomar consciência de que a origem do sofrimento e dos males que existem na Terra é o isolamento. Os homens, na verdade, se esquecem de que fazem parte do Universo e acabam se tornando, cada um deles, universos separados, fechados no isolamento de seu egocentrismo.

Se em vez disso observássemos o Universo, perceberíamos a presença de leis precisas, de uma perfeita ordem e harmonia regulando tudo o que existe; desse modo não poderíamos deixar de intuir que há um "projeto", um plano universal desconhecido, que está lentamente evoluindo e se movendo para um fim determinado.

Tudo o que acontece na Terra, pequeno planeta que parece perdido no cosmos, faz parte desse projeto e se move para esse fim.

Quando se apresentam essas reflexões e essas intuições, isso é sinal de que está despertando em nós uma necessidade profunda de saber e compreender, a qual se serve da nossa mente para realizar seu objetivo: nos fazer entender o significado da dor, para a aproveitarmos como um meio de evolução. Os repetidos sofrimentos que nos golpearam estão produzindo seu efeito, que é o de nos levar a perguntar o porquê daquilo que acontece.

Todos os grandes pensadores e pesquisadores sentiram essa necessidade humana de compreender as causas e o significado que estão por trás dos acontecimentos da vida.

Escreve Spinoza na sua *Ética*: "Um movimento da alma que seja um sofrimento deixa de ser um sofrimento tão logo façamos dele uma idéia clara e distinta".

Essas palavras, em sua sintética simplicidade, confirmam que nós, para podermos aliviar o sofrimento, temos de observá-lo com aquele aspecto da mente que Sri Aurobindo denomina "compreensão purificada".

Buda afirmava que a causa fundamental da dor é a ignorância (*avidya*), que só pode ser superada com o conhecimento (*vidya*).

A primeira pergunta para a qual se volta essa exigência especulativa da mente é: "Quais são as causas e as origens do sofrimento?"

Parece evidente, num primeiro exame, que existem dois grupos bem distintos de causas que podem produzir a dor:

A. as causas externas
B. as causas internas

A. As causas externas provêm de todos os acontecimentos e situações que se apresentam ao homem independentemente da sua vontade, como a morte, doenças, acidentes, cataclismos... Além desses sofrimentos produzidos por forças inerentes à natureza e ao cosmos, a esse grupo pertencem também todas as causas que são produzidas pelas ações daqueles seres humanos ainda mergulhados na inconsciência e no egoísmo, como as guerras, os genocídios, todo tipo de violência e abuso, exploração, assassinato, crueldade etc. Em outras palavras, todas aquelas ações que o homem comete impelido e dominado pela força cega e inconsciente a que denominamos "o mal".

Esses acontecimentos dolorosos produzidos por causas externas irrompem de súbito na vida do homem, despedaçando sua tranqüilidade e sua paz e o colocando face a face com a dor.

É como se o homem vivesse com uma espada de Dâmocles pendendo sobre sua cabeça, invisível mas inexorável, que golpeia sem aviso nos momentos mais inesperados.

Não há saída; e, por isso, os povos antigos falavam do "Destino" como uma divindade insensível e cruel que lançava sobre os homens acontecimentos dolorosos e dramáticos, segundo algum plano obscuro que só ela conhecia. Nos dias de hoje, o "destino" foi substituído pelo "acaso", por aqueles que não acreditam em realidades misteriosas e transcendentes.

Os cientistas, filósofos e pesquisadores se dividem em dois grupos: os que afirmam que "tudo acontece por obra do acaso" e os que, ao contrário, afirmam a existência de leis precisas e de uma ordem superior no Universo, de maneira que tudo acontece segundo um projeto evolutivo que regula os acontecimentos por meio de leis justas e harmoniosas.

Para podermos conhecer quais são essas leis que agem seja no nível cósmico ou no nível humano, temos de utilizar a capacidade investigadora da nossa mente. Mas ela não deve nos levar a um acúmulo frio e árido de teorias, e sim a um exame atento e consciente das intuições e experiências a que chegaram os vários estudiosos e pesquisadores da verdade através dos tempos.

Também podemos levar em conta na nossa busca, mesmo que somente como hipótese, as teorias intuitivas da Antiga Sabedoria e da Filosofia Perene. Essas teorias, em seu conjunto, tomaram hoje o nome de "esoterismo" e entre as mais importantes e significativas estão a lei da reencarnação e a lei do karma (ou lei de causa e efeito). Não só as religiões orientais acreditam nessas leis, como também um número infinito de pessoas no mundo todo, porque elas oferecem a única explicação racional possível para o problema do mal, da dor e da aparente injustiça que reina na Terra. Mas é exatamente por essa razão que tais leis podem gerar atitudes demasiado fideístas e passivas, sendo interpretadas como teorias consolatórias que nos fazem focalizar a atenção somente nas causas externas do sofrimento. Não devemos esquecer, como já dissemos, que a dor se deve essencialmente à nossa reação subjetiva a um estímulo externo; ela é um estado de consciência. Portanto, mais importante do que saber qual acontecimento externo produziu a dor é conseguir reconhecer nosso modo de reagir ao sofrimento, de enfrentá-lo e de viver com ele. Na verdade, os acontecimentos externos nada mais são do que catalisadores, estímulos cujo objetivo é despertar nossa consciência adormecida e nos fazer compreender o verdadeiro significado da vida e a real natureza do ser humano.

Seria oportuno examinarmos a Lei da reencarnação e a Lei do karma[1] em um segundo momento, voltando agora nossa atenção a dois conceitos fundamentais que realmente nos ajudam a compreender as origens e o objetivo da dor, ou seja:

1. O incessante movimento evolutivo que regula a vida.
2. A presença, no ser humano, de um princípio de autoconsciência.

Esses dois conceitos, dos quais já falamos no capítulo precedente, são o resultado de pesquisas, intuições, experiências efetivas e testemunhos de um número infinito de estudiosos, não só no campo filosófico como também nos campos científico e psicológico. Os resultados concretos obtidos pelos estudiosos oferecem ao homem a possibilidade de experimentar, ele próprio, a veracidade desses dois conceitos, desenvolvendo uma atenta capacidade de auto-observação, auto-análise e percepção consciente para poder reconhecer o significado evolutivo oculto em cada acontecimento, em cada provação e em cada ato da sua vida atual, bem como a realidade, vigilante porém oculta, da sua consciência.

É exatamente por meio dessa sua capacidade que o homem poderá pouco a pouco dar-se conta de que a tendência evolutiva da qual ele participa é essencialmente produzida pelo desenvolvimento incessante da sua consciência. Os dois conceitos fundamentais que examinamos estão, portanto, estreitamente ligados. No reino humano, a evolução coincide com o desenvolvimento da consciência: não é mais a forma que cresce e sim a capacidade de percepção consciente.

---

1. Ver A. M. Batà, *Conoscere per Essere*, caps. 8-11. [*Conhecer para ser,* Editora Pensamento, 1997.]

À medida que a consciência se manifesta e cresce, também se manifesta no homem um dualismo entre a dimensão interior, subjetiva, e a dimensão exterior, material. Juntamente com esse dualismo, nasce o conflito e o sofrimento.

B. As causas internas do sofrimento derivam essencialmente desse conflito.

Poderíamos chamar de psicológico o sofrimento que deriva de causas internas, porque ele se manifesta por meio de estados subjetivos, perturbações orgânicas e distúrbios muito individualizados e diferentes de uma pessoa para outra, segundo o grau evolutivo e o temperamento de cada um.

Esses sofrimentos são independentes dos acontecimentos exteriores, pois também podem se apresentar quando a vida da pessoa parece, à superfície, decorrer sem problemas nem dificuldades.

Na verdade, como dissemos, a causa da dor e do mal-estar — intenso ou menos grave — é o conflito que inconscientemente está se desenvolvendo entre as duas tendências opostas que dilaceram o homem. Durante um longo tempo o homem não está consciente desse conflito e, enquanto ele se identifica com sua forma exterior, comete erros seguindo direções equivocadas. Mas chega um momento em que ele reconhece sua dualidade e, aos poucos, toma consciência de que as duas tendências, provenientes dos dois aspectos da sua dualidade, não são opostas e conflitantes, mas sim complementares.

Esse reconhecimento marca o início de outra fase do caminho interior do homem, uma fase muito longa e trabalhosa, mas positiva, caracterizada por um processo gradual de harmonização interior que o levará rumo à reunificação e à superação do sofrimento.

Há, portanto, uma profunda diferença entre a dor produzida por causas externas e a dor produzida por causas internas. É possível que essa diferença não apareça num primeiro momento. Na verdade, a dor proveniente de acontecimentos externos independentes da nossa vontade é uma herança recebida por todos os seres humanos, a qual, mais cedo ou mais tarde, terá de ser enfrentada, seja no nível individual ou no nível coletivo. Ela, portanto, é inevitável e deve ser aceita como uma realidade própria da condição humana.

Por outro lado, a dor produzida por causas internas (em outras palavras, por estados interiores) manifesta-se em pessoas que possuem certo grau de autoconsciência, a qual as diferencia umas das outras e cria nelas a capacidade de escolha; esta, embora sendo ainda embrionária, é o início do senso de responsabilidade e liberdade. Em teoria, portanto, a dor poderia ser evitada. É como se o homem fosse posto à prova continuamente, a partir do momento em que nele se manifesta o princípio da autoconsciência.

Todavia, ele só chega a compreender essa verdade depois de ter passado por inúmeras provações e sofrimentos, que deverá gradualmente transformar em trabalho evolutivo.

Os sofrimentos, quer produzidos por causas externas, quer por causas internas, revelam o nosso grau de consciência e maturidade. Eles devem ser vistos como sintomas e indícios dos obstáculos que teremos de superar, como veremos no próximo capítulo.

Questionário

1. Você sabe inserir sua vida e a vida da humanidade num quadro mais amplo e universal?

2. Qual é, no seu entender, o papel do planeta Terra no Cosmos? Você se sente separado do Todo ou ligado por misteriosos fios a tudo o que existe?

3. Você acredita que tudo acontece por acaso? Ou que existem leis justas e harmônicas, uma ordem preestabelecida por um Ser Supremo e um Projeto Divino?

4. Você sente a necessidade de conhecer essas leis e de compreender as origens e a causa da dor?

5. Você acha que a dor é produzida por acontecimentos e causas externas inevitáveis? Ou que ela é produzida pelos erros e atitudes equivocadas do ser humano?

6. Os sofrimentos pelos quais você passou na vida foram causados predominantemente por acontecimentos externos ou por situações internas?

7. Você percebe dentro de você um centro de autoconsciência, um "eu" bem definido, capaz de observar e analisar seus próprios conteúdos psicológicos?

8. O que significa, na sua opinião, "desenvolvimento da consciência"?

9. Você está consciente do dualismo, que existe dentro de você, entre a consciência e o corpo físico? Você o vivencia como conflito doloroso?

10. Você sabe resolver esse conflito? Como?

CAPÍTULO 3

O Sofrimento como Sintoma e Sinal de Alarme

A dor é a passagem de uma perfeição maior para uma perfeição menor.

Spinoza

Se queremos chegar a compreender o significado do sofrimento e eliminá-lo, ou pelo menos diminuí-lo, precisamos ter sempre presente que a chave para realizar essa tarefa está na capacidade de focalizar a atenção nas nossas reações subjetivas às várias provações dolorosas da vida. Essa capacidade só se manifesta quando começa a despertar em nós a consciência.

Por um longo período antes desse despertar, a diversidade subjetiva é menos evidente, tanto que as reações das pessoas diante de determinada provação parecem semelhantes e previsíveis.

Também a ciência afirma que a um estado mais elevado de consciência corresponde um aumento não só da sensibilidade à dor como da diversificação das reações subjetivas diante dela. O mesmo ocorre com respeito à dor física.

O mecanismo da dor física foi muito observado e estudado pelos cientistas, que concordam quase unanimemente com a conclusão de que a sensibilidade à dor física é diferente de uma pessoa para outra, pela simples razão de que *ela é um produto da consciência*.

O dr. K. W. Livingston, professor de cirurgia da Faculdade de Medicina de Oregon, num artigo publicado há alguns anos na revista acadêmica *Illustrazione scientifica* com o título "O que é a dor?", escreve: "A dor física é um produto da consciência, cujo elemento essencial é a percepção consciente". E continua: "O que é a dor? Acredito que a melhor resposta seja a mais óbvia, isto é, a dor é uma percepção. Ser percebido significa ser sentido. (...) Para o psicólogo, por outro lado, a dor é a tradução cerebral de um sinal em uma experiência sensorial; ele descobre que a dor, como todas as percepções, é subjetiva, individual e modificada pela atenção, pelos estados emocionais e pela influência condicionada da experiência passada".

Há, portanto, uma estreita analogia entre a dor física e a dor moral, porque também esta última é um produto da consciência e sua intensidade e modalidade são subjetivas e individuais.

Esse fato nos induz a fazer outra consideração e outra analogia entre a dor física e a dor moral.

A dor física é considerada um sintoma, um "sinal de alarme" que revela uma disfunção, uma alteração e uma "patologia" em andamento.

Acaso não poderia o sofrimento moral e emocional ser também indício e sintoma de uma "desarmonia interior", de um erro a ser compreendido e superado?

As pesquisas científicas sobre a dor também evidenciaram a estreita analogia e a inter-relação contínua entre a dor física e a dor moral, entre aquilo que acontece no organismo e aquilo que acontece na psique.

Cientistas, médicos e psicólogos dedicam-se cada vez mais à análise da dor e puderam constatar que freqüentemente o sofrimento moral se revela como sofrimento e perturbação físicos. Eles observaram que há, por exemplo, certas formas reumáticas desprovidas de objetividade orgânica, cujos sintomas dolorosos derivam de estados psíquicos inconscientes; e, por outro lado, existem perturbações psicológicas que derivam de distúrbios físicos.

Essas perturbações são definidas pelos estudiosos como "neurotizações" de disfunções orgânicas. Esse fato vem enfatizar a estreita conexão que existe entre o físico e a psique e muito nos ajuda em nossa busca pelo significado evolutivo da dor.

Assim, para compreendermos nossos obstáculos internos ao crescimento, precisamos analisar nossos distúrbios e sofrimentos, sejam físicos ou morais, e sempre perguntar não só "por que" sofremos, mas "como" sofremos. Essa atitude, porém, só é possível para aqueles que já desenvolveram um trabalho em si mesmos e que têm uma sincera aspiração espiritual. As pessoas comuns se deixam envolver totalmente pela dor e não observam a si mesmas enquanto sofrem, porque estão identificadas com suas reações. Há vários modos de sofrer, na verdade, segundo o nível evolutivo de cada pessoa.

Diante de uma provação dolorosa proveniente do mundo externo (como, por exemplo, a morte inesperada de uma pessoa que se ama), pode haver diversas reações, tais como:

a. Estupor e recusa, como ocorre diante de um acontecimento absurdo e inacreditável ("Isso podia acontecer aos outros, mas não a mim"). É uma reação imediata, irracional e instintiva, que geralmente se observa nas pessoas que nunca sofreram e agora descobrem, pela primeira vez, que não são invulneráveis. Esse fato pode demonstrar que muitos indivíduos passam pela vida sem nunca pensar que existe a morte. Essa reação de estupor e rejeição também se apresenta no caso de outras provações dolorosas que ocorrem de súbito.

b. Rebelião, sentimento de injustiça e amargura. Essas reações obscurecem a capacidade de compreensão e de percepção consciente, tornam a pessoa má e a impedem de aproveitar essa provação para compreender seu significado.

c. Sofrimento emocional mais ou menos intenso, porém sombrio e cego, que cria angústia e depressão e freqüentemente não é suportado. Muitas pessoas procuram fugir desse sofrimento, evitando-o por meio da distração e se forçando a esquecê-lo.

d. Necessidade de compreender a causa e o sentimento do sofrimento. Essa necessidade nasce das perguntas fundamentais sobre o significado da vida e a natureza do ser humano. É a capacidade de enfrentar a dor até o fim, totalmente, "instalando-se em meio dela" — como diz Trungpa — para compreendê-la e a utilizar.

É essa última reação que devemos ter como meta se quisermos realmente compreender a mensagem oculta no sofrimento e colaborar com a força evolutiva latente dentro de nós.

Cada vez que sofremos, temos de procurar compreender a que estamos nos opondo involuntariamente. Não devemos focalizar a causa que produziu a dor, mas sim, como dissemos, nossa reação a ela. Essa reação tem de ser considerada um sintoma, como a dor física, indicando-nos nosso nível evolutivo e também nosso problema central, que condiciona e matiza todas as nossas atitudes e todas as nossas ações.

Por exemplo, se o nosso problema central é afetivo, induzindo-nos ao apego às pessoas e situações, criando continuamente necessidades ilusórias de amar e ser amados, então os nossos sofrimentos sempre se revelam por meio de desilusões, frustrações, separações e renúncias no campo afetivo. Esses sofrimentos, pouco a pouco, nos farão compreender por quais amadurecimentos e superações precisaremos passar.

Por outro lado, se o nosso problema central é o da auto-afirmação frustrada, impelindo-nos a buscar continuamente o reconhecimento dos nossos méritos, o sucesso na vida e a afirmação do nosso ego, então sofreremos muito e não poderemos viver serenamente a menos que sejamos apreciados e reconhecidos. O que devemos fazer, nesse caso, é compreender, por intermédio das nossas frustrações, o erro que estamos cometendo ao acreditar equivocadamente que a única felicidade só nos é oferecida pela satisfação da nossa vontade.

Quase se poderia formular uma tipologia psicológica baseada nas diversas causas do sofrimento, uma vez que se individualizasse o nó central de cada pessoa, seu lado fraco, seu lado mais sofrido e sensível, que é como uma ferida aberta na qual a dor golpeia repetidamente.

A pessoa, enquanto evolui e progride, é sempre golpeada no mesmo ponto até compreender seu nó central, que é uma espécie de "guardião do portal".

Mas como diz Satprem em seu livro *L'Avventura della coscienza* [A aventura da consciência], é exatamente nesse nó central que está oculta a energia fundamental do indivíduo. De início, ela se apresenta de maneira negativa, "de cabeça para baixo", como uma força cega que quer empurrá-lo numa direção da qual ele está inconsciente.

Dela derivam as ilusões, os erros, os desvios que produzem o mal e o sofrimento.

Esse nó central, que é o nosso "calcanhar-de-aquiles", constitui exatamente "o ponto que não queremos superar", porque ele faz parte da nossa natureza. Num certo sentido, ele é a energia fundamental que nos move, que, de início, nos cria obstáculos porque se apresenta como instinto e necessidade inconsciente. Mas depois, reconhecida, purificada, sublimada e canalizada, essa energia se torna nossa força motriz e nosso sustentáculo interior.

No entanto, só chegamos a esse reconhecimento muito gradualmente, por meio de várias tomadas de consciência e superações interiores, passando por sucessivas transformações.

Nosso objetivo atual é o de compreender os nossos obstáculos, os aspectos que precisamos trabalhar para superar as eventuais desarmonias interiores entre nossa personalidade e o Eu. A atitude que temos de assumir é a atitude científica do médico ou do psicólogo, observando e analisando os sintomas para compreender o problema do paciente: cada depressão, cada perturbação, cada sofrimento contém uma mensagem a ser decifrada e oculta uma "disfunção" da nossa complexa estrutura psíquica.

Assim, gradualmente chegaremos a compreender que cada dor nos indica o que temos de superar, em que aspecto temos de amadurecer, qual separação temos de completar em relação a algo que nos prende ao passado e nos impede de caminhar para o futuro, para o "novo".

Mas esse "novo" é diferente de uma pessoa para outra, segundo o momento evolutivo que cada um está atravessando, segundo o obstáculo que cada um precisa superar e a energia que deve canalizar e transformar. Cada um de nós tem um amadurecimento específico a realizar, um nó específico a desatar, uma lição diferente a aprender.

Cabe aqui recordar que a verdadeira Essência do homem está sempre em um estado de harmonia, de serenidade e de alegria, porque está em contato com o Divino. Os iluminados, os grandes místicos, intuíram essa verdade e a demonstraram com sua constante condição interior de serenidade e bem-aventurança, mesmo em meio a provações dolorosas.

Todas as religiões sempre deram muita importância à alegria — acreditando que quanto mais se está perto de Deus, mais se está na alegria. Conseqüentemente, considera-se o sofrimento, a dor, a depressão e a tristeza como um afastamento de Deus, um estado de obscuridade e mesmo de pecado.

A seita judaica hassídica acreditava que a "tristeza e a depressão" eram sinais de terror espiritual, ou até mesmo um pecado manifesto, como relata Erich Fromm em seu livro *Avere o Essere* [Ter ou Ser].

Também nas idéias de muitos filósofos e místicos, dentre os quais basta citar Meister Eckhart e Spinoza, a alegria é considerada um sinal de união com o Divino.

Escreve Spinoza na sua *Ética*: "A alegria é a passagem de uma perfeição menor para uma perfeição maior. A dor é a passagem de uma perfeição maior para uma perfeição menor".

São Francisco de Assis considera perfeita bem-aventurança um estado de sofrimento oferecido a Deus.

Essas interpretações da dor humana, mesmo que num primeiro momento possam ser refutadas por aqueles que estão sofrendo, expressam a intuição da verdade, ou seja, como já dissemos, que a realidade transcendente do ser humano é alegria e beatitude, porque ele é uma Centelha Divina e portanto contém a natureza mesma do Ser Supremo, que é alegria absoluta.

Chegará o dia em que a dor será completamente superada, pois o ser humano terá alcançado sua completa realização e a união com o Divino.

Deveríamos pensar sempre, quando sofremos, que toda a Terra e todos os homens sofrem, que a dor é universal e contém um significado muito mais profundo do que aparece ao nosso pequenino "eu". Em vez disso, nós nos concentramos nas nossas dificuldades e preocupações pessoais, as quais, embora grandes, empalidecem e encolhem quando inseridas no Todo.

Se encararmos o nosso sofrimento como um passo adiante que estamos dando, junto com toda a humanidade que progride, nos sentiremos confortados e partícipes de uma evolução cósmica. No fundo, somos pequenas células de uma Realidade e de uma Entidade bem mais vasta.

Não devemos jamais esquecer que colaboramos com a evolução, porque nosso progresso individual serve a toda a humanidade;

e, ao mesmo tempo, recebemos ajuda do progresso que se desenvolve nos outros planos, porque existe a fraternidade e a comunhão universais.

Com o nosso trabalho podemos nos opor à dor, às forças involutivas geradas pela ignorância e obscuridade e ao mal cósmico que se opõe à evolução.

O mal está no passado, entendido como inconsciência, cristalização e bloqueios, enquanto o bem está no futuro evolutivo. Tornando-nos conscientes e progredindo na direção do futuro e da nova humanidade, poderemos ajudar a evolução humana mesmo com nosso sofrimento, que traz uma pequena contribuição para deter o mal.

Não estamos sozinhos e separados; estamos unidos na Totalidade, caminhando para um futuro de Luz e Alegria.

Questionário

1. Quando você foi golpeado pela dor, conseguiu perceber o seu modo de sofrer? Surgiu em você um estado de rebelião? Ou de amargura, de recusa, de incredulidade e necessidade de fugir da dor? Ou, em vez disso, surgiu em você a necessidade de compreender a razão da dor?

2. Quais foram os acontecimentos, situações e dificuldades que mais o fizeram sofrer?

3. Você conseguiu intuir a razão pela qual alguma dificuldade ou provação o fizeram sofrer mais, e outras menos?

4. Qual é o ponto mais sensível e reativo da sua personalidade? O físico, o emocional ou o mental?

5. Você acredita que o sofrimento moral é um sintoma tal como a dor física, um indício de um problema, de uma carência, de uma imaturidade específica a ser superada?

6. A dor o aproximou de Deus ou o distanciou Dele?

7. Você soube utilizar a dor para o seu progresso interior?

8. Você soube reagir, encontrando forças para transformar o seu sofrimento em maior sabedoria, compreensão e percepção consciente?

CAPÍTULO 4

A Ilusão da Felicidade

A alegria está no avançar; a infelicidade, no deter-se.

Roberto Assagioli

Sugerimos no capítulo precedente que nossos obstáculos internos ao crescimento e ao desenvolvimento espiritual podem ser a causa da maioria das nossas perturbações, tanto físicas quanto psicológicas. Esses obstáculos provêm de algumas atitudes erradas que assumimos perante a vida, na fase evolutiva em que nossa verdadeira consciência ainda não despertou.

Um desses obstáculos é a nossa busca contínua da felicidade, que nos condiciona de maneira determinante e nos impele para escolhas equivocadas e ilusórias miragens.

Poderíamos perguntar a nós mesmos: "Por que o homem busca sempre a felicidade? Por que ele se sente sempre insatisfeito e privado de alguma coisa que não sabe definir bem o que seja? Por que ele é infeliz?"

Paradoxalmente, "o homem é infeliz porque já não sabe mais ser feliz", como afirma Dostoiévsky. Essa frase, no seu aparente absurdo, oculta uma verdade profunda e vem nos confirmar que a real essência do ser humano, seu Eu, está em estado de perpétua Alegria e Beatitude.

Mas o homem, infelizmente, está "inconsciente" dessa sua essência e por isso já não sabe encontrar a felicidade nas profundezas de si mesmo.

Todavia, é como se ele sentisse inconscientemente essa realidade e tivesse um misterioso e obscuro pressentimento dela, pois busca sempre a felicidade, considerando-a um seu "direito inalienável", e acaba se sentindo traído e desiludido porque ela sempre lhe escapa.

Essa atitude, porém, pode se transformar em um dos obstáculos mais insidiosos e mais difíceis de superar no caminho evolutivo do homem: a ilusão da felicidade.

O que quer dizer essa expressão? O que é realmente a ilusão?

Segundo as doutrinas espirituais, com o termo ilusão se quer exprimir o conceito de interpretação errada de uma verdade, produzido por um estado de ofuscamento simbólico que altera a visão das coisas.

O ofuscamento é semelhante à miragem. Esta, como se sabe, é um fenômeno óptico que ocorre em condições atmosféricas específicas e faz parecerem próximas imagens de paisagens distantes, como o oásis no deserto de areia.

Mas se é verdade que a meta para a qual se move o homem é a alegria do Eu, ele precisa passar por um longo processo de evolução, purificação e desenvolvimento da consciência para poder alcançá-la e para poder compreender a real natureza dessa felicidade pela qual tão ardentemente almeja.

O que é realmente a felicidade? O ser humano tem feito essa pergunta desde suas primeiras especulações filosóficas, e infinito é o número de estudiosos que tenta respondê-la, encontrando cada um deles uma resposta diferente.

É como se esse estado interior a que damos o nome de felicidade diferisse de pessoa para pessoa. Na verdade, assim como difere o modo de sofrer, também difere o modo de ser feliz. Se perguntarmos a várias pessoas o que elas gostariam de ter para ser felizes, ou qual seu conceito de felicidade, cada uma delas responderia de maneira diferente ou, se não soubesse dar uma resposta precisa, apresentaria uma série de afirmações teóricas e puramente idealistas.

Essa dificuldade em definir o conceito de felicidade foi sentida por todos aqueles que se ocuparam do assunto, tanto que se chegou à conclusão unânime de que "quem procura a felicidade, nunca a encontra". A felicidade é um "estado de consciência" e não o efeito de se alcançar um objetivo desejado ou da satisfação de uma necessidade.

Esse estado de consciência é extremamente subjetivo e se manifesta de maneira diferente em cada pessoa, como já dissemos. Portanto, a felicidade, assim como o sofrimento, não depende dos acontecimentos externos e sim de um estado de consciência particular e indefinível.

Depois dessa introdução, vamos tentar esclarecer as razões da existência dessa dificuldade.

O ser humano vive suas várias dimensões, como afirmam tanto a psicologia moderna quanto as doutrinas esotéricas. São quatro essas dimensões: física, emocional, mental e espiritual. Esta última é a verdadeira dimensão humana, que inclui as outras três e, ao mesmo tempo, as transcende. É a dimensão em que vive o Eu, o Verdadeiro Ser Humano.

Se quisermos dar uma conotação prática às nossas reflexões sobre a felicidade, cada um de nós deveria tentar compreender em qual das três dimensões (física, emocional ou mental) se coloca mais facilmente e com qual delas está mais identificado.

Para cada um desses níveis, o homem possui um veículo — ou corpo —, composto de energias que precisam se expressar para alcançar um estado de bem-estar e harmonia, aquele estado de bem-estar e harmonia a que damos o nome de felicidade.

Quando esses veículos ainda não são guiados pela consciência do Eu, cada um deles tem uma necessidade diferente de "felicidade", que pode também predominar e condicionar toda a vida da pessoa, segundo seu grau de identificação com um veículo específico, correspondente ao nível evolutivo que ele está atravessando.

No nível físico, predomina a exigência do prazer.

No nível emocional, predomina a necessidade de felicidade e de satisfação afetiva.

No nível mental (mesmo que nem todos os estudiosos tenham dele se ocupado), predomina a exigência de clareza e serenidade.

Somente no nível espiritual se revela um estado de consciência completo e total, que não é mais a satisfação de uma necessidade e sim um estado interior realmente indefinível de alegria permanente.

É como se o homem, através de seu longo processo evolutivo, devesse fazer uma simbólica escalada interior, subindo do nível físico até a dimensão espiritual, para enfim descobrir que tudo aquilo que experimentou antes, e que interpretou como momentos de felicidade, era somente uma ilusão nascida da identificação com as necessidades e desejos do veículo predominante no momento.

Tudo isso vem nos confirmar que a melhor ajuda resulta da compreensão profunda da Lei da Evolução. Essa Lei não deve ser vista apenas como uma teoria, mas como um meio prático de realização e desenvolvimento da nossa consciência.

Todos aqueles que defendem a realidade da evolução tiveram profundas intuições sobre o objetivo da vida e o destino do ser humano. Basta citar Theillard de Chardin, cujas intuições representaram uma contribuição significativa ao conceito do homem e à teoria da evolução, conseguindo conciliar essas idéias inovadoras com sua fé cristã. Ele também escreveu *Saggio sulla felicità* [Ensaio sobre a felicidade], no qual divide os homens em três categorias:

- os entediados
- os amantes do prazer
- os ardentes

Os entediados são aqueles para quem a felicidade máxima consiste em ser "deixados em paz", em evitar todo esforço e complicação na vida. Podem ser comparados aos preguiçosos de Dante, "aqueles que nunca foram vivos". Eles almejam a "felicidade da tranqüilidade". Não se empenham na luta, preferindo afastar-se quando diante de obstáculos. São os indolentes, os inertes, os resignados.

Os amantes do prazer são os indivíduos hedonistas e sensuais, sempre em busca de novos prazeres, de novas sensações, de novas experiências. Também eles se recusam a complicar a vida com problemas profundos, porque seu único problema real é experimentar prazeres cada vez mais intensos.

Infelizmente, essa atitude está hoje muito difundida, porque nossos dias parecem ser uma época de hedonismo na qual o prazer é considerado felicidade e não um aspecto natural da existência.

Também Erich Fromm, em seu livro *Avere o Essere* [Ter ou Ser], procura iluminar a diferença existente entre o prazer e a alegria. Diz ele que o prazer é "a satisfação de um desejo" que não produz alegria, mas apenas um alívio momentâneo e, em certos casos, quando é muito intenso, um estado de euforia passageira que logo desaparece, deixando uma sensação de vazio e desilusão.

Fromm assim define a alegria: "A alegria não é o êxtase de um instante, mas o esplendor que glorifica o ser".

A característica fundamental que diferencia o prazer da alegria é que o estado de alívio aparente produzido pelo prazer não só é impermanente como também insatisfatório.

O mesmo ocorre quando se trata de uma necessidade não-física, como a de ser amado e apreciado. Uma vez satisfeita, já não é o bastante e deixa sempre uma sensação de vazio, pois o estado de felicidade produzido não surge de uma realização verdadeira, mas de uma satisfação superficial, desprovida de profundidade e incapaz de gerar amadurecimento e transformação.

Por exemplo, a necessidade de amar e ser amado não provém de uma verdadeira capacidade de amar, mas de uma sensação de incompletude e solidão. Não amamos uma pessoa por ela mesma, mas porque ela serve para preencher nosso vazio interior. Só podemos amar verdadeiramente quando estamos em contato com o Eu, pois o verdadeiro amor nasce da Alma e não das nossas emoções. Somente quando conseguirmos nos ligar à Alma do outro, por meio da nossa Alma, é que seremos verdadeiramente felizes e satisfeitos. Mas, por outro lado, se não conseguirmos superar as necessidades e expectativas, permaneceremos sempre insatisfeitos.

Superando nossas necessidades — isto é, deixando de nos identificar com elas —, conseguiremos também compreender o verdadeiro objetivo a ser alcançado pelo impulso que move essa energia. Tal impulso, na realidade, sempre provém do Eu e possui uma meta evolutiva a ser descoberta e realizada. O homem, porém, interpreta de maneira equivocada esse impulso, pois é condicionado por falsos modelos e miragens ilusórias recebidos do mundo exterior.

Também no que se refere ao prazer físico e à sensualidade precisamos compreender aquilo que os nossos sentidos querem realmente nos dizer. O que está verdadeiramente por trás do tato, do paladar, da audição, da visão, do olfato?

Segundo as doutrinas esotéricas, por trás dos nossos sentidos físicos existem sentidos mais profundos, provenientes da parte mais elevada de nós mesmos e que têm, cada um deles, uma função específica, diferente daquela expressada no plano físico. Para entrar em contato com dimensões de consciência mais elevadas, o homem precisa desenvolver pouco a pouco esses sentidos.

É possível entrarmos em contato com essa sensibilidade mais profunda, às vezes na meditação ou em certos momentos, diante da beleza da natureza que pode produzir estados de êxtase. Essa beleza física, essa harmonia de cores, as nuanças de luzes e sombras, por intermédio do que acreditamos ser a visão física, na verdade despertam em nós uma sensibilidade mais elevada, uma vibração particular que nos revela um mistério e uma realidade sobre-humana: o aspecto da beleza de Deus. Isso também pode ocorrer por intermédio da audição, quando ouvimos uma música que nos toca interiormente. Os orientais sabem que sons específicos conseguem despertar certos chakras com suas vibrações. Esses são alguns sinais daquilo que depois se revelará, gradualmente, quando formos mais evoluídos e mais conscientes.

Quem percorre um caminho interior de amadurecimento, um caminho espiritual, prosseguindo no rumo da realização, vê aprimorar-se aos poucos a própria sensualidade; esta se transforma progressivamente em "sensibilidade" a algo mais profundo, a vibrações e energias não mais materiais e sim sutis.

É essa a preparação para o despertar da consciência do Eu.

A terceira categoria de seres humanos de que fala Theillard de Chardin se refere aos "ardentes", ou seja, àqueles que vivem com inclinação para o crescimento e a evolução, entendendo a vida como um movimento na direção de estados de consciência cada vez mais elevados. Para eles, felicidade é adesão consciente e jubilosa a esse crescimento.

Para Theillard de Chardin, portanto, cada uma das três categorias em que ele subdivide a humanidade busca respectivamente:

- a felicidade da tranqüilidade
- a felicidade do prazer
- a felicidade do crescimento

Essas três categorias correspondem, na realidade, aos três níveis evolutivos pelos quais o homem deve necessariamente passar antes de alcançar a verdadeira e total alegria que provém da dimensão espiritual.

Esse percurso interior do homem está salpicado de momentos de felicidade ilusória e momentos de sofrimento que o fazem compreender seus erros e desenvolver aquele estado interior de desapego, calma e lucidez a que damos o nome de serenidade. Esse estado se manifesta principalmente em virtude do conhecimento e compreensão das leis que regem a vida. É por isso que podemos definir serenidade como um estado de "felicidade mental" que produz paz interior, lucidez e uma sensação de liberdade, como a que às vezes experimentamos quando subimos ao topo de uma montanha onde respiramos ar puro e nosso olhar pode se estender sobre as nuvens e a neblina. Não é um estado de indiferença e frieza, mas um estado de profunda percepção consciente, prudência e inalterabilidade, que nos permite ver todas as coisas na justa proporção e na verdadeira luz.

A palavra "sereno" deriva do latim *serenus*, que significa "seco", "enxuto". De fato, céu sereno é aquele que se encontra acima das nuvens carregadas de chuva, acima do nevoeiro, onde sempre brilha o Sol. Simbolicamente, a serenidade pode se referir ao nível de consciência que encontramos dentro de nós quando nos elevamos acima das águas emocionais (o símbolo do emocional é a água) que criam névoas e ilusões. Nesse nível, revelam-se a calma, a clareza e a estabilidade do plano mental superior, receptivo à luz solar do Eu.

Conquistar a serenidade, portanto, é fundamental porque ela representa uma espécie de plataforma de lançamento para iniciarmos nosso vôo rumo à Alegria do Eu.

Muitas pessoas sentiram na pele a verdade contida nessas palavras.

Também Allan Watts, em seu livro *Il significato della felicità**, afirma que a alegria espiritual não poderá ser alcançada se não pas-

---

* *O significado da felicidade*, publicado pela Editora Pensamento, 1983.

sarmos por um estado de relaxamento, calma, silêncio e ausência total de tensões, porque o Eu não consegue de modo algum se manifestar em uma personalidade agitada, tensa, conflituosa ou mergulhada em euforia exaltada. Essa euforia, na verdade, é mais nociva do que a depressão, porque se assemelha a uma droga que pode nos induzir a cometer graves erros e ações descontroladas por causa do estado de embriaguez que cria.

Estranhamente, às vezes podemos experimentar a revelação da Alegria do Eu em meio à dor mais profunda. Quando sofremos — e aceitamos o sofrimento —, produz-se dentro de nós um estado de maior clareza, de maior contato com nós mesmos, o que pode levar a uma reversão da consciência.

Estas afirmações se baseiam nas experiências e no testemunho de um número infinito de pessoas que sentiram, mesmo que por breves instantes, esse tipo de felicidade sem causa aparente e que muitas vezes se apresentou em momentos dramáticos, quando nada poderia ter contribuído para a manifestação desse estado interior de luz e bem-aventurança. Em seu livro *L'uomo e la felicità* [O homem e a felicidade], Georg Brochmann relata sua experiência de um desses momentos particulares que mudaram toda a sua vida e o impeliram a escrever um livro sobre o misterioso significado da felicidade. Ele conta essa experiência, que considera uma graça divina porque se apresentou exatamente no momento mais trágico da sua vida, quando deveria ter mergulhado completamente na angústia e no desespero.

Aconteceu durante a ocupação nazista de seu país, a Noruega, quando Brochmann estava num barco, longe da costa. Ele ouviu pelo rádio de bordo a notícia de que os alemães tinham bombardeado sua pátria e especialmente a cidade onde morava sua mulher. Ele já sabia que muitos dos seus amigos tinham sido deportados para os campos de extermínio. Contudo, foi exatamente nesse momento trágico que ele sentiu, de súbito, a passagem para outro estado de consciência e experimentou uma alegria profunda e indescritível. Ele próprio ficou espantado com o contraste entre a dramática e angustiante situação exterior e a alegria intensa que experimentava interiormente. Foi esse estado interior, cuja origem ele não compreendia, que também lhe permitiu infundir força e esperança em seus companheiros, como se por meio dele se manifestasse uma misteriosa energia de alegria e amor. A partir desse momento, escreve Brochmann, ocorreu nele uma mudança profunda e ele se sentiu impelido a aprofundar o estudo da natureza e do sentido daquela alegria que o inundara exatamente em meio a uma experiência dramática; o livro citado nasceu de suas pesquisas e reflexões.

Essas experiências vêm nos demonstrar que a natureza da alegria proveniente do Eu é completamente diferente da de todos os outros tipos de felicidade ou prazer que possamos experimentar no nível pessoal. Isso não quer dizer, é claro, que a alegria do Eu só possa ser sentida por meio da dor; o que precisamos é compreender que esse estado de consciência superior pode existir juntamente com o sofrimento.

É um estado de consciência tão diferente de tudo o que sentimos antes, e interpretamos como momentos de felicidade, que se torna difícil defini-lo. Na verdade, todos aqueles que o experimentaram, mesmo que apenas por um breve instante, dizem que esse estado é "inefável". Talvez sua característica fundamental (aquela que permanece impressa mais fortemente em nós desde o início) seja a de que se trata de um estado de profunda calma, de satisfação total, desprovido de ansiedade, tensão e insatisfação, um senso de completude total. Para quem nunca o experimentou, esse estado pode parecer ausência de vida, mas ele é a manifestação da Verdadeira Vida, daquela Vida que nunca chegamos a perceber enquanto estamos mergulhados nos desejos e necessidades, identificados com eles. No estado de perfeita calma interior e ausência de desejos, podemos sentir a tudo e a todos como se estivessem dentro de nós. Sentimos um amor grande e profundo, um senso de compartilhamento, de compreensão, de expansão. Descobrimos que somos Amor, Vontade, Criatividade, e que só então podemos "fazer", no sentido de agir da maneira justa. É um estado de realização, é a cessação da luta que vínhamos travando até agora, é a descoberta de que podemos "ser verdadeiramente" e "dançar com a vida", transformando cada experiência em consciência.

Questionário

1. O que é, para você, a felicidade?

2. Você saberia descrever a diferença que existe entre prazer, felicidade e alegria?

3. Quais são as situações e os acontecimentos que mais fazem você feliz? E quais os que deixam você infeliz?

4. Você dá mais importância ao prazer e bem-estar físicos, ou aos emocionais e mentais?

5. Você já experimentou a felicidade mental?

6. Você já experimentou a alegria espiritual?

7. Você saberia definir a palavra "serenidade"?

8. Você já teve a experiência da serenidade interior num momento de sofrimento?

9. Você já sentiu a "felicidade do crescimento"?

CAPÍTULO 5

A Ilusão da Liberdade

A liberdade do homem nunca é absoluta, porque está paradoxalmente aprisionada no determinismo, de modo que ela só pode ser concebida como libertação.

A. Caruso

O utro obstáculo é aquele produzido pelo anseio de liberdade, profundamente arraigado no homem, mas que pode gerar erros e sofrimentos se não for bem compreendido e direcionado. Esse anseio, na verdade, pode se transformar numa perigosa ilusão que ofusca a consciência e produz desvios e conseqüências desastrosas, seja para nós mesmos ou para os outros, quando acreditamos já ser livres e fazemos dessa certeza um falso ideal ao qual permanecemos aprisionados, fechando-nos em orgulhoso isolamento. Esse anseio de liberdade — tão inato ao ser humano como o de felicidade — é uma exigência fundamental que provém da sua realidade profunda, da sua Essência Divina; mas, antes de ser compreendida e expressada em sua verdadeira natureza, é vivenciada de modo distorcido, alterado, provocando erros, confusão, dúvida e muito sofrimento.

Ao longo dos séculos, muitos estudiosos e pesquisadores têm tentado definir o significado da liberdade e aprofundá-lo. Os resultados dessas pesquisas podem ser sintetizados em duas posições fundamentais.

A primeira nega a possibilidade de liberdade do ser humano, pois a considera inalcançável, um ideal, uma utopia. A outra considera a liberdade um direito inalienável do homem, direito esse que não pode ser sufocado e negado.

A primeira posição tem sido sustentada por um número imenso de estudiosos que, depois de realizar pesquisas e observações filosóficas e psicológicas do homem, chegaram à conclusão de que o ser humano nunca poderá ser livre porque está sujeito a um determinismo insuperável. Por outro lado, um número também imenso de pesquisadores defende a segunda posição e acredita tão firmemente na liberdade do homem até o ponto de sacrificar a própria vida por ela.

Como explicar essas posições opostas?

De que lado está a verdade?

Se considerássemos o homem somente do ponto de vista material e psicológico — ou seja, como um primata dotado de inteligência porém condicionado pelos instintos e pelas influências ambientais —, então teriam razão os que negam a liberdade.

Mas se consideramos o homem como uma Centelha Divina encarnada em um corpo que lhe permite expressar e desenvolver a consciência, então têm razão aqueles que lutaram pela liberdade, porque eles intuíram que a exigência de liberdade é a marca de Deus impressa no homem, o qual foi feito à Sua imagem e semelhança.

Todavia, o homem tem de percorrer um longo caminho evolutivo antes de realizar a verdadeira liberdade que é inerente à sua Essência Divina, o Eu.

A verdadeira liberdade é uma conquista, é um estado de consciência que, para ser alcançado, exige uma série de amadurecimentos interiores, de superações. Em outras palavras, ela é o resultado de um processo de libertação.

Busquemos agora percorrer juntos esse longo processo, que tem início na primeira vida, quando do reino animal emerge o ser humano, dotado de autoconsciência.

Pela primeira vez a consciência-vida universal se auto-reconhece em um "eu", encerrando-se em uma forma adaptada à sua individualização.

É o início do despertar da exigência de liberdade.

Para melhor compreendermos esse processo gradual de desenvolvimento do senso de liberdade, que ocorre ao longo do arco de muitas vidas, desde o momento do aparecimento da autoconsciência no homem, examinemos rapidamente o processo psicológico que ele percorre em cada vida desde a primeira infância até a velhice. Ali podemos encontrar diversas analogias com o processo evolutivo de libertação progressiva que ocorre ao longo de milhares de vidas.

Ao nascer, o bebê não é livre porque ainda não tem um eu e está ligado à mãe por uma relação simbiótica. Para o bebê, esse estado constitui o "nirvana", um estado paradisíaco de bem-estar do qual ele não procura se libertar. Na verdade, o bebê está imerso em uma consciência coletiva, que os psicólogos denominam "egocósmica". Ele é incapaz de distinguir entre si e os outros, entre si e a mãe, a quem percebe como um prolongamento de si mesmo. Mas numa certa idade, que difere de uma criança para outra, ocorre uma pequena revelação da própria identidade, que pode ser vivenciada como uma crise, uma vez que produz um súbito senso de isolamento e de separação dos outros, incutindo medo na criança. Mas logo a crise e o medo iniciais se transformam numa atitude de defesa dessa sensação de identidade, porque aos poucos nasce na criança a exigência de liberdade, como firme determinação de não se deixar sufocar. Muitas crianças, por volta dos seis aos oito anos, tornam-se rebeldes, recusando-se a obedecer.

Nos anos seguintes, essa exigência de liberdade se apresentará de maneira cíclica, com fases alternadas. Nos primeiros anos de escola irá se manifestar outra necessidade, aquela que denominamos adaptação social, e que consiste em estabelecer relações afetivas com os colegas e os professores. Depois, com a adolescência, retorna, de maneira mais clara e evidente, a necessidade de independência e liberdade, com um senso de isolamento e introversão, com a recusa dos condicionamentos impostos de fora e com a busca da própria identidade.

Na idade adulta, porém, pode acontecer que a pessoa seja forçada a sufocar esse seu anseio inato de liberdade a fim de se inserir na sociedade, na profissão escolhida, pondo de lado sua necessidade de desenvolvimento individual para se adequar às exigências coletivas. Se a pessoa for suficientemente madura, ocorrerá depois outra crise; esta a impelirá a recusar os condicionamentos impostos de fora, que a impedem de ser ela mesma. É nesse momento – como também afirma C. G. Jung – que pode se apresentar ao homem uma possibilidade de libertação e a verdadeira tomada de consciência da sua realidade profunda. Mas nem todas as pessoas se dão conta dessa possibilidade, porque não atingiram o necessário grau evolutivo e continuam a sofrer de um estranho mal-estar, uma crise profunda cujas causas não conseguem compreender. E procuram remédios para seu sofrimento em direções equivocadas ou em inúteis regressões, ou adoecem de males psicossomáticos.

O período da velhice é vivido de maneira mais ou menos serena e madura, segundo o grau de liberdade e de consciência alcançado nas fases precedentes da vida. E a morte somente se apresentará como um acontecimento natural de libertação e transformações sucessivas para aqueles que tiverem alcançado a verdadeira liberdade interior.

Para compreender o grau de liberdade alcançado, cada um de nós deveria examinar as várias etapas da própria vida, verificando se o desenvolvimento de sua autoconsciência e de sua capacidade de liberdade ocorreu de maneira gradual e harmoniosa na sucessão das várias fases.

Não estamos falando aqui de se conquistar a liberdade transpessoal que provém do Eu, mas da formação de um sentimento autônomo, estável do eu, capaz de ser o centro direcional da personalidade. Falando em termos gerais, essa liberdade que o homem procura por meio do seu eu pessoal é realmente impossível de ser alcançada. Ela pode ser considerada uma liberdade ilusória, uma vez que é condicionada pelo determinismo a que estão sujeitos seus veículos, físico, emocional e mental, que são formados e estruturados pelas influências vindas do ambiente, da educação e das suas necessidades inconscientes não superadas. Na verdade, têm razão aqueles que afirmam que o homem nunca poderá ser livre, na medida em que o consideram somente a personalidade, a qual é realmente um conjunto de mecanismos, hábitos e condicionamentos. Por outro lado, aqueles que crêem ou intuem que no homem existe um nível de consciência mais elevada e transpessoal afirmam a liberdade humana colocando-a no nível que as doutrinas espirituais denominam "individualidade". É como se o homem fosse composto de duas partes, uma livre e outra não-livre: a individualidade e a personalidade; elas, através do processo evolutivo, acabarão por integrar-se em uma realidade total, o Eu.

Se quisermos compreender o que é realmente a verdadeira liberdade, temos de começar analisando a nós mesmos para descobrir quais dos nossos aspectos ainda são condicionados e quais deles são livres. Além disso, precisamos desenvolver uma capacidade particular de atenção e de percepção consciente, para sabermos enxergar os momentos nos quais conseguimos nos sentir livres, espontâneos e autênticos, nos quais podemos nos expressar sem imitar os modelos externos, exercitando a livre vontade de escolha, como a define Erich

Fromm. Essa atenção plena e consciente nos ajudará a compreender que a verdadeira liberdade é um estado de consciência, como a felicidade — ela não é um ideal, mas uma experiência que também se manifesta em situações exteriores de aprisionamento e privação da liberdade física.

Pensemos em todos aqueles que, como Sócrates, Gandhi, Sri Aurobindo, Satprem e Frankl, passaram pela experiência da liberdade interior e pela revelação de uma dimensão de consciência na qual nada nem ninguém poderia sufocar sua independência interior, exatamente em condições de aprisionamento, cerceamento e negação de sua liberdade. É como se o homem pudesse reconhecer essa sua dimensão de liberdade interior justamente quando lhe são tolhidas todas as liberdades exteriores e ele vive a experiência iluminadora de que, somente ao ser obrigado a renunciar à expressão de si mesmo como personalidade é que ele descobre o seu verdadeiro eu e, paradoxalmente, se dá conta de ser, ele próprio, o carcereiro.

São os nossos condicionamentos, os nossos instintos, os nossos desejos e necessidades — em qualquer nível que se apresentem, fisiológico ou psicológico — que se tornam os nossos patrões, se os seguimos e passivamente nos identificamos com eles. Podemos dizer, portanto, que para alcançar a liberdade precisamos passar por um processo de libertação.

Quer dizer, então, que nunca seremos livres enquanto não conseguirmos alcançar a dimensão do Eu Espiritual?

Aqueles que não admitem a existência da dimensão transcendente e espiritual do homem, ou que dela ainda duvidam, afirmam que a única liberdade a ser jamais conquistada pelo homem, condicionado por suas necessidades, é uma espécie de equilíbrio, ou de compromisso, entre a necessidade e a liberdade, entre o determinismo e uma zona de liberdade condicionada, de modo algum absoluta. Todavia, mesmo para obtermos esse compromisso de uma liberdade "pela metade", temos de pagar por ela "entregando" alguma coisa nossa.

Por exemplo, muitas pessoas, para satisfazer sua necessidade de amor, apoio e companhia, buscam no casamento um afeto, esperando que dure toda a vida; mas o casamento, apesar de seus aspectos positivos, constitui uma limitação da liberdade no sentido absoluto, porque exige uma adaptação recíproca. Para obtermos companhia e segurança, renunciamos a uma parte da nossa liberdade. Assim, para obter segurança econômica e sucesso profissional, o homem precisa trabalhar, inserir-se numa organização, dedicar tempo e energia ao alcance dos seus objetivos, renunciando a outras coisas e a outras exigências de sua personalidade, as quais é forçado a pôr de lado. Ele paga pelo sucesso e pela segurança econômica com o sacrifício de alguma parte de si mesmo.

Também Rollo May, psicólogo existencialista norte-americano, fala dessa "liberdade pela metade" concedida ao homem. May compartilha a opinião de muitos outros estudiosos, segundo a qual cada coisa que o homem conquista se deve à renúncia de uma parte de liberdade.

Trata-se aí de um conceito de liberdade no nível pessoal, que nada tem que ver com a liberdade proveniente de nossa Essência Espiritual, o Eu.

Podemos dizer, portanto, que a necessidade de liberdade se manifesta sob vários aspectos, segundo o nível no qual o homem a expressa. Vamos definir esses três níveis como segue:

- liberdade de...
- liberdade por...
- liberdade para...

A "liberdade de" é a de fazer aquilo que se quer e se sente, segundo as próprias necessidades. É a liberdade da criança que se obstina a obter pela força aquilo que deseja. É a liberdade do adolescente que se rebela contra a autoridade dos pais porque quer seguir suas escolhas e suas necessidades. É a liberdade de todo aquele que acredita que, com a vontade, consegue alcançar o que deseja e satisfazer todas as necessidades e todas as exigências. Esse tipo de liberdade é a mais ilusória e produz muitos conflitos e perturbações, porque constantemente se vê frustrada e obstruída pelos acontecimentos da vida e pelos limites que existem dentro de nós, sem deles termos consciência. Ela é a causa de muito sofrimento.

A "liberdade por" se revela aos poucos quando começamos a tomar consciência de que são exatamente as nossas necessidades, os nossos condicionamentos e os nossos apegos que obstruem a nossa liberdade. Percebemos, então, que para ser livres temos primeiro de nos tornar nós mesmos e descobrir o que realmente somos.

Sentimos então a necessidade de superar nossas necessidades, cortar nossa identificação com elas, transcendê-las. Surge pouco a pouco aquilo que Maslow define como "liberdade de transcendência"; libertamo-nos da nossa natureza animal, das nossas necessidades fisiológicas e psicológicas, que se mostram como um limite e um obstáculo a ser superado. É nesse momento que começa a se desenvolver a verdadeira consciência. É nesse momento que reconhecemos como são ilusórias as exigências pessoais, que vão gradualmente perdendo força.

Esse é o início de um longo processo que o homem tem diante de si, guiado por seu Eu Espiritual que começa a fazer sentir sua silenciosa presença e lhe dá a capacidade de ver seus aspectos pessoais como coisas relativas e ilusórias.

É um caminho de "des-identificação", de separação, de transcendência, concluído por livre escolha, *espontaneamente*. (É interessante notar que a palavra "espontâneo" provém do latim *sua sponte*, significando "por sua livre vontade".)

O momento em que nasce a capacidade de escolha é especial no caminho da libertação, porque ali também se manifesta o desenvolvimento do senso de responsabilidade que assinala o início de um processo de verdadeiro amadurecimento.

Neste ponto, cabe dizer que, quando a verdadeira liberdade começa a se manifestar, experimentamos inicialmente uma sensação de solidão que, no entanto, é necessária porque traz consigo a coragem, a confiança de que somos capazes de assumir a responsabilidade por nossas próprias escolhas e a força para nos apoiarmos apenas em nós mesmos. Experimentamos, assim, uma sensação de alegria — e não mais de pânico, como ocorria antes, quando ainda não estávamos maduros para a liberdade.

Essa fase do processo de libertação, todavia, pode apresentar uma armadilha. Possuindo agora a independência, a força e a coragem, poderá evidenciar-se em nós o ego — o eu pessoal inflacionado que não quer ceder seus poderes e se interpõe entre a personalidade e o Eu, obstruindo sua manifestação.

Do ponto de vista do crescimento interior, esse tipo de resultado representaria um perigo, porque produziria cristalização e sofrimento. O próprio sujeito poderia se fechar numa solidão que o faria perder a capacidade de amar. Na verdade, o amor é visto pelo ego como um limite à sua própria liberdade, como um laço que impede sua própria autonomia.

Dessa situação interior resulta uma série de conseqüências negativas: a arrogância, a sede de poder, a auto-afirmação, a insensibilidade diante das necessidades dos outros.

O sofrimento é uma conseqüência inevitável, até certo ponto, porque ninguém pode impunemente escravizar suas próprias energias ao ego. Isso produziria uma regressão involutiva, em vez de um progresso rumo à verdadeira auto-realização e à luz do Eu. Nossa meta é a de alcançar a liberdade conservando a capacidade de nos relacionarmos com os outros, desenvolvendo sempre mais amor e o senso de unidade.

Para evitar esse desvio e seguir o caminho reto, temos nesse ponto de tomar consciência de que nenhum de nós consegue conquistar sozinho a auto-realização e que a verdadeira liberdade significa conseguir desenvolver a capacidade de interdependência, de cooperação, de compartilhamento e de fraternidade.

Não se trata, claro, de uma meta fácil de ser alcançada. Isso porque o homem, em seu lento processo rumo à individualização, está sempre indeciso entre a necessidade de proteger a própria identidade que se revela e o perigo de perder a capacidade de amar e se relacionar com os outros.

Nesse processo interior, que não é nada fácil, será útil para nós cultivar sempre a compreensão profunda da diversidade e de seu verdadeiro objetivo. Precisamos procurar ver sempre um aspecto da verdade em todas as coisas e em todas as pessoas, superando a convicção de que a nossa seja a única verdade.

Uma pessoa verdadeiramente livre descobre a beleza da diversidade, a harmonia das várias notas e das várias cores que, no seu conjunto, formam o todo. A verdade é constituída de inúmeras facetas, como um prisma de cristal através do qual a luz se refrata em muitas cores. Uma pessoa verdadeiramente livre é capaz de se inserir num todo poliédrico sem perder a própria independência e fazendo ressoar a própria nota juntamente com todas as outras.

Assim, gradativamente se desenvolve outro aspecto da liberdade, aquele que denominamos "liberdade para".

A "liberdade para" significa a descoberta do verdadeiro objetivo do processo de libertação: o de nos oferecer a possibilidade de amar e de servir.

É para essa meta que tendemos desde o primeiro aparecimento da necessidade de liberdade, que nos impele, de modo inconsciente mas irresistível, para a realização do Eu, o qual já possui a liberdade absoluta e o senso de unidade e de amor. O serviço nasce do Eu; servir, na verdade, é sua nota fundamental.

O homem também pode tentar servir mesmo antes do despertar da consciência do Eu, impelido pela boa vontade e pelo desejo de dar sentido à sua vida; mas, se ele ainda não tiver conquistado a completa liberdade interior de suas necessidades e expectativas, irá misturar motivações altruístas com motivações egoístas, sem contudo ter consciência delas.

O caminho é longo. Para alcançar a libertação cometemos muitos erros, mas errar está previsto e o sofrimento é inevitável porque o homem tem de aprender com seus próprios erros enquanto não descobre sua dimensão interior livre, verdadeiramente livre, sobre a qual poderá apoiar-se e cujo auxílio poderá evocar, distinguindo-a dos outros aspectos de si mesmo que estão aprisionados no determinismo. A descoberta dessa dimensão dá ao homem a força para se sentir livre mesmo quando está aprisionado, para obedecer sem se sentir escravizado, para reconhecer que existe uma Vontade Superior com a qual deve se identificar por livre escolha.

Quem oferece a própria vontade (que é filha da liberdade) a uma Vontade Superior descobre a verdadeira liberdade. Esta somente aparece quando nos inserimos em um projeto mais amplo, quando não nos opomos a ele, quando dizemos "Seja feita a Tua Vontade". Então nos tornamos canais livres, pelos quais a energia divina flui sem obstáculos, na harmonia entre o individual e o universal.

É essa a única Verdadeira liberdade.

Questionário

1. A liberdade, para você, é uma necessidade básica? O que você entende por liberdade?

2. Quais os obstáculos à sua liberdade? Algo externo ou algo interno?

3. Você consegue reconhecer quais dos seus aspectos são livres e quais são condicionados e, portanto, não-livres?

4. Você acha que se pode conciliar a liberdade com o senso de responsabilidade e com o senso do dever?

5. Qual a relação existente entre liberdade e vontade?

6. Qual a relação existente entre liberdade e criatividade?

7. Qual a relação existente entre liberdade e amor?

8. Em qual nível você se sente mais livre? No nível físico, no emocional, no mental ou no espiritual?

9. Por que algumas pessoas tiveram a experiência da liberdade exatamente quando estavam material e moralmente aprisionadas?

10. Você compreendeu a diferença entre "liberdade de", "liberdade por" e "liberdade para"? Já a sentiu na pele?

11. Qual a diferença que existe entre liberdade e libertação?

CAPÍTULO 6

A "Absolutização"
do Relativo

*Em nós, o Eterno se torna Tempo e o Absoluto torna-
se relativo.*

J. J. Van der Leeuw

Este terceiro obstáculo talvez seja o mais difícil de reconhecer, porque é quase sempre inconsciente e nos condiciona de maneira enganadora.

Precisamos assumir uma específica atitude interior de des-identificação e distanciamento, para começarmos a nos tornar conscientes. Nós, seres humanos, prisioneiros da forma material, conscientes apenas de um breve segmento de tempo, ignorantes das nossas origens e da meta para a qual nos movemos, temos o "ponto de vista do micróbio", que só vê aquilo que entra em seu minúsculo campo de observação.

É por isso que, com muita freqüência, caímos no erro de dar um valor absoluto àquilo que é relativo e parcial, aumentando assim as causas, já tão numerosas, do nosso sofrimento.

Na realidade, existe no homem uma necessidade inata do absoluto, nascida do seu Verdadeiro Ser, o Eu, reflexo de Deus, que é o Absoluto por excelência.

Essa necessidade se revela lenta e gradualmente no homem, por intermédio do seu impulso inconsciente de buscar os referenciais que dão um sentido à sua vida e que, aos poucos, se transformam em "valores".

Antes de prosseguirmos, porém, é necessário que façamos uma pausa para refletir sobre o verdadeiro significado da palavra "valor", que é usada com diferentes acepções e interpretações pelos vários estudiosos. Por exemplo, no dicionário filosófico de Ranzoli encontramos a seguinte definição: "Valor é aquilo que provoca a intervenção do nosso eu e que satisfaz um nosso impulso ou um nosso desejo".

Sartre, por outro lado, afirma que "qualquer coisa escolhida pelo homem pode se tornar um valor supremo nos limites em que seja autêntico".

Erich Fromm, em seu livro *La rivoluzione della speranza* [A revolução da esperança], fala de "valores biologicamente imanentes e de valores socialmente imanentes". Os primeiros, na verdade, são as necessidades instintivas do homem, inerentes à sua natureza; e os segundos, as regras morais ditadas pelo convívio social.

Essas definições da palavra valor vêem sobretudo seu aspecto subjetivo e psicológico e, portanto, o aproximam do significado de necessidade, restringindo-o e o diminuindo.

Mas, além dessas interpretações comuns e psicológicas, há outras interpretações mais amplas e mais elevadas, nascidas de mentes intuitivas e iluminadas que acreditam nas potencialidades superiores do homem.

A palavra valor assume então o significado de ideal, de guia, e pode se tornar uma força catalisadora de tudo o que existe de mais verdadeiro, elevado e livre no ser humano.

Pode-se dizer que há uma escala de valores correspondente aos vários níveis evolutivos do homem. Este, impelido por sua necessidade inata do absoluto, procura aproximar-se cada vez mais da realidade.

Voltando ao problema da "absolutização" do relativo, precisamos primeiro rever o conceito que fazemos do ser humano e qual significado damos à vida. Numa segunda etapa, poderemos esclarecer para nós mesmos quais são os nossos valores e se estamos dando um valor absoluto a alguma coisa que na verdade é relativa. Isso acontece com muito mais freqüência do que imaginamos e sem o percebermos, pois estamos inconscientemente condicionados por nossas necessidades não resolvidas, por nossas carências, por nossos apegos e desejos.

Na verdade, mesmo no caso de pessoas em quem já despertou uma visão espiritual da vida e uma aspiração pelos valores e ideais superiores — tais como o amor, a justiça, a fraternidade, a verdade etc. —, pode acontecer (como diz Erich Fromm) que se crie um dualismo entre valores conscientes, mas "ineficazes", e necessidades inconscientes "eficazes".

O que querem dizer essas palavras? Elas querem dizer que os valores e os ideais superiores podem se transformar em ideologias abstratas, fora do nosso alcance e que não modificam nosso modo de viver nem nossas atitudes diante da vida. São, portanto, "ineficazes". Por outro lado, as necessidades e carências inconscientes e não superadas nos condicionam, nos limitam e nos impelem a agir, apesar de nós mesmos, segundo suas diretivas. São, portanto, "eficazes".

Esse doloroso dualismo esteve presente no homem durante um longo período evolutivo, primeiro de maneira inconsciente e depois cada vez mais consciente, atormentando — no passado e hoje em dia — também pessoas de elevado valor espiritual, como São Paulo, que exclamou: "Por que, meu Deus, não faço o bem que queria fazer e faço o mal que nunca quis fazer?"

O único modo de superar esse angustiante dualismo é conhecendo a natureza humana e aceitando seus limites, mas, ao mesmo tempo, reconhecendo suas potencialidades mais elevadas e sua origem divina.

Enfatizamos mais uma vez a necessidade de compreendermos o que realmente é o homem e o que significa ser "humano". Albert Schweitzer afirmava que o homem ainda precisa se tornar realmente humano.

Esse conceito é semelhante à definição de Sri Aurobindo: O homem é "um ser de transição".

Para quem considera o homem apenas como um primata dotado de inteligência, é lógico pensar que seus valores coincidam com suas necessidades. Mas para quem acredita e sente que existe no homem uma dimensão mais elevada, transcendendo sua natureza material e instintiva e seus aspectos psicológicos, os valores representam fins e ideais superiores, amplos e universais que expressam princípios eternos e absolutos.

Alice Bailey, no seu *Trattato di Magia Bianca* [Tratado de Magia Branca], faz distinção entre princípios primários e princípios secundários. Os primeiros correspondem aos valores absolutos e são expressões do Divino no homem; os segundos correspondem aos valores relativos, aos desejos e necessidades da personalidade humana limitada e impermanente. A palavra "impermanente" nos recorda a expressão usada pelos orientais para definir sinteticamente a condição humana, que é caracterizada pela impermanência. No nível pessoal humano, dizem os orientais, tudo é impermanente, tudo é relativo, exceto o Eu.

A dor nasce do fato de os homens quererem tornar eterno, imutável e permanente aquilo que não o pode ser. O homem sofre porque luta contra o impossível e se opõe inconscientemente a leis divinas que ele não conhece.

É uma luta desigual e absurda.

São essas as conseqüências dolorosas da absolutização do relativo. Como poderemos superar esse obstáculo, resolver esse problema, quando começarmos a sentir a necessidade profunda de encontrar a verdade e começarmos a perceber que existe dentro de nós alguma coisa verdadeiramente absoluta, eterna e imutável que, uma vez conquistada, nada nem ninguém poderá tirar de nós?

A primeira atitude que precisamos assumir é a de reconhecer e aceitar os limites da nossa compreensão dos valores absolutos e procurar perceber que estamos inseridos em uma realidade maior e universal.

Um dos erros mais perigosos, na verdade, é a "hipertrofia do eu", como o denomina Caruso, psicanalista alemão de origem italiana, em seu livro *Psicanalisi e sintesi dell'esistenza* [Psicanálise e síntese da existência]. Ele escreve: "O eu, em vez de assumir seu lugar apropriado num sistema universal de relações, faz de si mesmo o centro do universo. A hipertrofia do eu equivale a uma absolutização dos valores relativos".

Esse erro é muito mais freqüente do que pensamos, porque o homem geralmente esquece que está inserido em uma realidade ampla e universal; ele esquece que é uma pequenina célula de uma entidade imensa.

O que é o homem na face do planeta Terra? Ele é semelhante a um micróbio, porém um micróbio dotado de consciência.

Esse é o fato extraordinário e maravilhoso.

No micróbio-homem está nascendo alguma coisa nova, que nós sentimos como um eu.

Mas esse é apenas o início de uma longa evolução da consciência divina que se reconhece no homem para depois se expandir gradativamente até incluir em si mesmo todos os outros "eus".

Quão limitados e relativos nós somos a partir do momento em que pretendemos compreender e escolher os valores das coisas baseados na identificação com a consciência microscópica do eu que vê somente a si mesmo, aos seus próprios problemas, às suas próprias necessidades!

É inevitável, infelizmente, que durante um longo período evolutivo o homem absolutize o relativo. Somente um processo gradual de desenvolvimento da consciência lhe permitirá reconhecer o que é "absoluto".

Em sentido figurado, é como se nós, seres humanos, sofridamente "escalássemos a montanha" que leva à Realidade absoluta e dela só conseguíssemos captar fugazes lampejos em algum raro momento de iluminação. Por isso, tudo o que conseguimos expressar por meio da personalidade, na nossa vida quotidiana, é quase sempre relativo e limitado.

Devemos lembrar que sempre existe em nós algum aspecto, algum obstáculo, que distorce, polui e restringe os ideais e os valores superiores que desejamos expressar. Essa "alguma coisa" que altera a pureza do valor superior é a nossa identificação com a personalidade, com suas necessidades e carências inconscientes que não conseguimos canalizar e transformar.

Também Abraham Maslow, em seu livro *Verso una psicologia dell'essere* [Por uma psicologia do ser], fala desse fato, apresentando-o como um obstáculo ao crescimento e à realização. Diz ele que os homens poderiam ser divididos em dois grupos: o grupo formado por aqueles que são sempre motivados por suas carências e necessidades inconscientes; e o grupo formado pelos indivíduos impelidos pela exigência de auto-realização — os quais ele define como "pessoas metamotivadas". A esse segundo grupo pertencem todos aqueles que começam a intuir qual é o verdadeiro objetivo da vida e a reconhecer os ideais mais elevados e os valores reais, porque neles está lentamente se manifestando a verdadeira consciência proveniente do Eu.

Cada um de nós que deseje realmente evoluir até expressar sua verdadeira Essência Divina deveria perguntar a si mesmo: "A qual desses dois grupos pertenço? Quais são as motivações e os impulsos que me guiam na vida? Predominam em mim as necessidades e eu as vivo como se fossem valores? Ou predomina em mim a exigência de realizar minha realidade, guiado por valores reais e absolutos?"

É preciso, portanto, fazer um trabalho acurado de auto-análise para distinguir e separar nossas necessidades dos valores reais, diferenciar o que é relativo daquilo que é absoluto.

A qualidade que temos de desenvolver para poder realizar essa distinção é a do discernimento. Essa qualidade já existe em nível potencial no homem, e gradualmente se revela com o desenvolvimento da consciência e com a des-identificação gradual da personalidade.

O discernimento nos leva, por meio de distinções sucessivas, a distinguir entre o que é verdadeiro e o que é falso, entre o que é permanente e o que é impermanente, entre o que é real e o que é ilusório.

Quando a consciência do homem é ofuscada pela falta de discernimento, ele não consegue reconhecer quais são os verdadeiros valores da vida e se deixa arrastar por seus impulsos e por suas necessidades. Ele cai, portanto, na absolutização do relativo; isso conduz, como diz o já citado Caruso, "à falsidade existencial e à heresia da vida".

O primeiro passo a ser dado é o reconhecimento da nossa dualidade: entre uma parte ainda condicionada pelos instintos e necessidades, quase sempre inconscientes, e uma parte consciente que tende para os ideais e valores superiores que queremos alcançar.

O segundo passo é a aceitação e a compreensão da natureza dessas nossas necessidades inconscientes, que na verdade representam as energias neutras necessárias para a evolução humana e que devem ser expressadas e utilizadas da "maneira justa", revelando sua verdadeira função.

Na realidade, tudo em nós é energia, proveniente de uma origem divina e que, como tal, deve ser utilizada não de modo indiscriminado e inconsciente, mas sob a orientação da consciência voltada para sua verdadeira meta evolutiva.

O erro cometido pelo homem é o de não se esforçar para reconhecer a origem divina de todas as suas energias, fazendo delas um uso impróprio, escravizando-as à visão estreita, separativa e egoísta do eu pessoal, que faz de todas as coisas um instrumento em seu próprio benefício.

Temos, portanto, de superar a identificação com o eu, para conseguirmos desenvolver a humildade, entendida como o justo senso das proporções, e para reconhecermos que existe uma vontade superior à nossa e um plano divino no qual estamos inseridos.

O desenvolvimento da capacidade de distinguir entre relativo e absoluto e a visão justa de nós mesmos representam uma chave para a vida mais serena e consciente, também em meio ao sofrimento. Saberemos, assim, ver todas as coisas "do alto", incluídas em um quadro mais amplo, e reconheceremos que na Terra tudo é relativo, pois é o efeito de uma causa; tudo aqui é condicionado, incompleto, dependente, parcial e ligado por fios invisíveis a outras realidades.

Absoluto, por outro lado, é tudo aquilo que é completo, perfeito, único, não condicionado, não causado, independente, permanente, eterno, imutável. Por isso Deus é chamado o Absoluto, pois a Ele pertencem todas as prerrogativas acima mencionadas.

Se conseguirmos não esquecer esse fato em cada momento da nossa vida, e sobretudo quando somos golpeados por uma provação dolorosa, veremos o aspecto relativo do que nos acontece e perceberemos que tudo é efeito de causas que não conhecemos e de acontecimentos e movimentos de energia dos quais não estamos conscientes.

Perceberemos que a principal causa de todos os nossos problemas é o eu, que vê todas as coisas através das suas próprias necessidades e desejos e do seu egoísmo.

Questionário

1. O que significa "absoluto" e o que significa "relativo"?

2. Quais são, na sua opinião, os valores absolutos e quais os valores relativos?

3. Existem na sua vida valores absolutos que o guiam e inspiram?

4. Você compreendeu o que significa "absolutizar" valores relativos? Você saberia formular uma escala de valores desde os mais comuns e relativos até os mais elevados e absolutos?

5. Você confunde necessidades e carências não resolvidas com valores?

6. Você saberia canalizar e sublimar as energias, transformando-as em um valor? Isso já lhe aconteceu?

7. Existe em você a exigência do transcendente? Você saberia dar uma definição dessa exigência?

8. Quais são, no seu entender, os Princípios primários e quais os secundários? Liste pelo menos três em cada categoria.

9. Você sente a necessidade de ter valores absolutos em sua vida? E sabe pô-los em prática?

PARTE II

A LIBERTAÇÃO DO SOFRIMENTO

CAPÍTULO 7

Do Sofrimento Estéril
ao Sofrimento Criativo

*...Quanto mais fundo te escavar a dor, tanto mais
alegria poderás conter.
Acaso a madeira do alaúde que acaricia teu Espírito
não foi escavada pela faca?*

Tagore

Iniciamos aqui a segunda parte deste livro, que será dedicada aos temas da utilização do sofrimento como meio de crescimento e desenvolvimento da consciência, do processo gradual de nos libertarmos do sofrimento e, por fim, do despertar da real essência do homem: o Eu Espiritual.

Nos capítulos precedentes, mencionamos várias vezes o aspecto evolutivo e transformador da dor; mas o homem, desde épocas remotas, não tem consciência desse aspecto e se rebela contra o sofrimento ou se submete passivamente a ele, como se fosse uma maldição cujas causas ignora. Durante essa fase, o sofrimento parece ser inútil e estéril. Na realidade, a dor nunca é totalmente estéril — mesmo quando não parece produzir qualquer reação ou mudança interiores, ela age como um fogo purificador que mais cedo ou mais tarde produzirá inevitavelmente seus efeitos. Todavia, antes que isso aconteça, deverá transcorrer um longo período de tempo, durante o qual o mesmo tipo de provação dolorosa se repetirá ciclicamente, golpeando sempre o mesmo ponto, até que o homem comece a compreender o ensinamento que a dor quer lhe transmitir.

A atitude ante o sofrimento, portanto, se transforma lenta e gradualmente por efeito desses repetidos estímulos inconscientes, que aos poucos despertam a consciência adormecida do homem e o induzem a fazer as primeiras perguntas sobre o propósito da vida.

Esse é o sinal de que o sofrimento está se transformando de estéril em criativo.

O que significa "sofrimento criativo"?

Significa que o sofrimento pode ser utilizado para produzir alguma coisa nova. Significa que o sofrimento é um sintoma, um sinal indicativo desse "novo" que quer se manifestar e que talvez já esteja pronto para vir à luz.

O momento em que o homem intui esse fato pode ser considerado um "ponto de mutação" determinante do seu processo evolutivo, pois a partir daí ele não será mais o mesmo que era antes, pois começará a delinear-se dentro dele um senso preciso de identidade, sinal de que a consciência do Eu está se individualizando e assumindo a direção da personalidade.

O indivíduo então se aparta da identificação com a consciência coletiva de massa. Seu modo de sofrer se transforma, se diversifica, e as experiências dolorosas que ele encontra assumem cada vez mais um caráter de ensinamento individual e finalizado.

O primeiro sinal da ocorrência desse "ponto de mutação" se revela quando o homem, diante de uma provação dolorosa, começa espontaneamente a desviar sua atenção do acontecimento externo que a produziu (ou que parece tê-la produzido) para fixá-la na sua reação subjetiva àquela provação.

Desenvolve-se nele, gradualmente, a capacidade de observar a si mesmo enquanto sofre e de analisar o "modo" pelo qual sofre. Em outras palavras, ele toma consciência da subjetividade de seu sofrimento e compreende que o significado e propósito estão ocultos exatamente nessa subjetividade.

O sofrimento se torna criativo justamente por essa razão; na verdade, o sofrimento evoca em cada um de nós algo diferente, algo individual, e faz emergirem qualidades, características, obstáculos, imaturidades e também potencialidades desconhecidas. Ele revela o homem a si mesmo; o homem se conhece e descobre sua verdadeira natureza quando é golpeado pela dor, quando é posto à prova. Por isso Viktor E. Frankl diz que, para o ser humano, o sofrimento representa uma "missão". Em seu livro *Uno psicologo nei lager* [Um psicólogo nos campos de concentração], ele escreve: "Caso o destino concreto lhe inflija uma dor, o homem precisará ver nela também uma missão, também única. Mesmo diante da dor, o homem tem de alcançar a percepção consciente de ser único e original, por assim dizer, em todo o Universo, com esse seu destino de dor. Ninguém poderá afastá-lo desse sofrimento, ninguém poderá assumi-lo em seu lugar. A possibilidade de um desempenho original está exatamente na maneira pela qual o indivíduo golpeado por esse destino suporta seu sofrimento".

Essas palavras de Viktor E. Frankl nos revelam que também ele intuíra o caráter subjetivo do sofrimento, manifestando a cada indivíduo sua missão única, diferente da de todos os outros. Quem acredita no Eu poderá entender a palavra "missão" como "projeto", ou seja, o programa evolutivo que o Eu formula para cada vida individual antes da encarnação. Um programa que o homem precisa, pouco a pouco, descobrir e realizar, interpretando o significado dos acontecimentos, das provações e dos sofrimentos que encontra em sua vida.

Segundo a lei da evolução e a lei do karma, mencionadas em um dos capítulos precedentes, nada acontece por acaso — tudo acontece conforme um propósito preciso que cabe ao homem descobrir.

Mas não basta compreender e aceitar intelectualmente essas leis; é preciso pô-las em prática, vivê-las, experimentá-las. E é aqui que o homem encontra obstáculos e comete erros, porque nele se formou um dualismo entre a parte de si mesmo que aceita o impulso evolutivo e outra parte que se opõe cega e inconscientemente a esse impulso, condicionada pelos padrões repetitivos e mecânicos da lei da inércia da matéria.

É um momento muito importante do caminho evolutivo do homem aquele no qual ele toma consciência desse dualismo e compreende que a maior parte dos seus sofrimentos nasce exatamente da sua natureza dual. É esta que continuamente o coloca em uma posição de conflito entre duas fortes exigências: a que o mantém ligado ao passado e a que o impele para o futuro.

É por isso que cada fase do processo de crescimento do homem é precedida de uma crise. A palavra crise, na verdade, poderia ser definida como "ponto de mutação", um estado de coisas no qual terá de ocorrer uma mudança decisiva num sentido ou noutro.

O homem, todavia, é inconsciente da mudança que precisa fazer, não a compreende ou não quer compreendê-la. E então nasce nele o conflito e o sofrimento, que durarão até o momento em que ele tome consciência do amadurecimento que lhe é solicitado e o aceite.

Pode-se dizer que na fase criativa cada sofrimento é na verdade uma crise, cada perturbação indica uma escolha a ser feita, revela um obstáculo a ser superado, um nó a ser desatado; e dos quais o homem está inconsciente. Isso ocorre porque é mínima a parte de nós mesmos da qual estamos conscientes, enquanto aquela região psíquica que a psicanálise chama de inconsciente é infinitamente mais vasta e profunda do que o pequeno campo de consciência no qual costumamos viver. O inconsciente não é apenas — como diz a psicanálise — o nosso passado, os nossos instintos ancestrais, as nossas pulsões e os nossos traumas reprimidos. Ele é também o nosso futuro, as nossas potencialidades mais elevadas, a nossa dimensão transpessoal e espiritual que espera poder se manifestar.

Hoje em dia, também as escolas mais avançadas de psicologia admitem a existência de uma dimensão de consciência humana mais elevada e espiritual, "supraconsciente", que se revela gradualmente à medida que o homem se auto-realiza, libertando-se de todos os condicionamentos, das superestruturas, das "máscaras" que sufocam e escondem seu verdadeiro ser. Essas escolas também admitem que esse verdadeiro ser possui qualidades superiores àquelas manifestadas pelo homem em sua vida comum; qualidades como o heroísmo, o espírito de sacrifício, a coragem, o amor altruísta, a criatividade, a intuição... Essas qualidades superiores são quase sempre "potenciais" e geralmente se manifestam em momentos de emergência e necessidade extrema. É como se o homem precisasse ser posto "contra a parede" para sair do seu estado de inércia, de mecanicismo, de egoísmo e de inconsciência, e poder demonstrar sua real natureza. É por isso que existe a dor, que golpeia o homem repetidamente para despertá-lo e induzi-lo a tomar consciência de si mesmo.

Quando é golpeado pela dor, o homem tem a revelação de seu grau real de amadurecimento. Se ele for ainda pouco evoluído, ao ser posto à prova revelará também indolência, covardia, egoísmo e crueldade. É exatamente nos momentos de tragédia, de perigo, de emergência que se revela o grau evolutivo de uma pessoa. Em tais momentos pode se manifestar o herói, o santo, em um indivíduo que parecia insignificante e comum. Ou, pelo contrário, manifestar-se o delinqüente, o covarde e o indolente na pessoa que todos julgavam boa, corajosa e honesta.

Nós não nos conhecemos porque só percebemos a superfície da nossa consciência. Não vemos nosso lado negativo, nossas imperfeições, assim como não vemos nossas possibilidades mais altas e as qualidades mais elevadas e sublimes latentes dentro de nós. O sofrimento, como dissemos, nos obriga a olhar dentro de nós mesmos, a tomar consciência da nossa fraqueza interior bem como da nossa força interior; o sofrimento se torna criativo quando nos ajuda a superar a primeira e utilizar a segunda.

É por isso que o sofrimento é uma missão. E também é um desafio, que nos põe à prova, como nos sugere o mito de Hércules, símbolo do homem que precisa continuamente demonstrar sua força e sua coragem ao longo do caminho da auto-realização e da libertação.

Estamos nesta Terra com um propósito preciso: realizar aquele projeto evolutivo que cada um de nós traz oculto dentro de si, como se fosse um DNA. Demoramos algum tempo para perceber esse projeto; ele, sem que o saibamos, se desenrola no decorrer da nossa vida e não reconhecemos a direção que quer nos indicar por meio dos acontecimentos, das provações, dos erros e dos sofrimentos que encontramos. Com freqüência, só nos damos conta *a posteriori*, no momento em que nossa verdadeira consciência começa a despertar, e aí compreendemos que a vida tem um propósito bem preciso.

Então enfrentamos a dor com uma força nova, que sentimos crescer dentro de nós, começamos a compreender sua mensagem evolutiva e aprendemos a utilizar a dor como meio de crescimento e transformação.

São inúmeros os exemplos de pessoas que souberam transformar situações trágicas, desgraças e doenças em ocasiões de crescimento interior, manifestando inacreditável força e capacidade de superação.

Um dos exemplos mais luminosos dessa possibilidade humana é o próprio Viktor E. Frankl. Ele escreve, no seu livro *Homo patiens*: "Ao tomar sobre mim a dor e aceitá-la em mim, eu cresço, sinto um aumento de força moral e chego a uma espécie de intercâmbio. Na verdade, a essência do intercâmbio é que a matéria-prima, a substância, é transformada em força".

Essas palavras de V. Frankl são muito profundas e sugestivas, porque nos demonstram que ele, sem nada conhecer do processo de sublimação, percebeu que a aceitação da dor com heroísmo e força moral produz um aumento dessa força que se nutre da energia liberada pela transformação dos mecanismos repetitivos da personalidade, os quais, diante do Espírito, são matéria, mecanismos que obstruem o crescimento.

Fica claro, portanto, que a dor nasce do dualismo entre Espírito e Matéria. Esse dualismo é a marca distintiva do ser humano, que o vivencia como um atrito conflituoso e dilacerante até tomar consciência de que, ao contrário, representa sua missão e seu privilégio.

Ele descobre, por fim, que Espírito e Matéria são dois pólos de uma única realidade (ambos originados de Deus), ilusória e temporariamente divididos e separados pelo nosso estado de inconsciência e identificação com o pólo da Matéria. A missão do homem é reunificá-los, desenvolvendo um terceiro fator: a consciência.

O sofrimento nasce quando nós, sem querer, nos opomos a essa missão: seja porque a ignoramos ou porque estamos aprisionados por nossas necessidades pessoais e identificados com elas, transformadas em mecanismos inconscientes que nos condicionam.

É por isso que precisamos desenvolver a verdadeira consciência e libertar nosso inconsciente desses mecanismos repetitivos, procurando compreender qual é a parte de nós que se opõe à reunificação com o pólo espiritual e aceitando o sofrimento como um trabalho necessário para o nosso crescimento interior.

Sempre que nos sentirmos impotentes em momentos de sofrimento, o remédio não é a rebelião ou a luta para sairmos dessa situação. O remédio é o abandono, o silêncio, a receptividade e a confiança de que existe em nós uma realidade supraconsciente que só poderá se manifestar se pusermos de lado nosso limitado eu pessoal. Não devemos recusar a dor e negar o problema, mas aceitá-la, procurando compreender sua mensagem evolutiva, sem interferir pessoalmente para resolvê-la.

Diz Meister Eckhart que, nos momentos de escuridão, "é preciso deixar em paz a Alma". Quanto a nós, temos apenas de nos abrir, manter silêncio, escutar, mas sem esperar respostas racionais e precisas porque, como diz um antigo ditado: "A Alma nunca responde com palavras, mas com a própria coisa que lhe foi perguntada". Ela nos responderá com uma sensação inesperada de alegria, com um estado interior de paz e serenidade, com uma intuição imprevista, com a solução de um problema, com uma sensação de liberdade, com a manifestação de uma qualidade que não sabíamos possuir, com uma visão mais ampla e real da vida... E então saberemos que o processo de transformação e de reunificação entre Espírito e Matéria foi iniciado dentro de nós. A dor nos revelará então sua utilidade e seu poder criativo. Desse momento em diante, terá início o processo gradual de libertação do sofrimento.

Questionário

1. Qual a diferença entre o sofrimento estéril e o sofrimento criativo?

2. Quando está sofrendo, você sabe "desviar sua atenção" da causa externa que lhe causou a dor (ou que você acredita tê-la causado) e dirigi-la para a sua reação subjetiva ao sofrimento?

3. Você sabe utilizar essa sua reação subjetiva para se conhecer melhor, para compreender seus obstáculos interiores e suas potencialidades ocultas?

4. O que quer dizer Viktor Frankl com a expressão "O sofrimento é uma missão para o homem"?

5. Você percebe o dualismo, existente na sua natureza, entre uma parte material, condicionada e mecânica, e uma parte espiritual, livre e autoconsciente?

6. Esse dualismo produz em você um conflito, uma "crise de escolha" e, por fim, um crescimento?

7. Você conseguiu intuir, por meio do sofrimento do conflito, qual é o seu obstáculo central?

8. O sofrimento pelo qual você passou lhe produziu uma ampliação da consciência?

9. Você soube relaxar e se abrir à Vontade Suprema? Em outras palavras, você soube se entregar ao Eu?

CAPÍTULO 8

Utilizar o Sofrimento Por Meio da Aceitação

A forma mais elevada de humanidade é aquela do homem que se faz vazio, de modo que as coisas são atraídas para ele.
Ele aceita todas as coisas até que, ao envolvê-las todas, torna-se o mestre delas.

Lao-Tsé

Há certas atitudes interiores que o homem deveria cultivar, pois elas podem lhe ser de grande ajuda para transformar o sofrimento estéril em sofrimento criativo e para ele utilizar todas as experiências e provações da vida como meios de crescimento e de evolução. Umas dessas atitudes é a aceitação.

Todavia, não são poucas as pessoas que quando ouvem pronunciar a palavra "aceitação" têm uma reação de perplexidade, de desconforto ou mesmo de recusa, talvez porque lhe atribuem o significado de resignação passiva, debilidade ou renúncia. Na verdade, a aceitação está colocada no topo de uma escada simbólica cujos degraus são formados pelas seguintes atitudes:

- rebelião
- resignação
- aceitação

Na aceitação não existe a ira impotente ou a rebelião cega de quem é forçado a suportar algo que não compreende, nem a submissão passiva e inerte, desprovida de luz e entusiasmo, de quem se resigna por ser demasiado fraco para enfrentar as adversidades e os obstáculos. Na aceitação existe a coragem e a força de quem intui o significado da provação, de quem tem confiança num desígnio superior, de quem sente a capacidade de "colaborar com esse desígnio". Na aceitação há o resultado de um processo de desenvolvimento da consciência, que produziu um amadurecimento e uma profunda adesão à vida.

A aceitação, portanto, é uma atitude dinâmica, positiva, criativa, assim descrita no livro *Guarigione esoterica* [A cura esotérica] de A. A. Bailey: "A aceitação não é um estado passivo que nos faz cair numa condição submissa e inativa, mas sim uma atitude positiva, seja no pensamento ou na expressão prática, diante de situações que no momento são inevitáveis. Isso nos faz evitar a perda de tempo e de energia que ocorre quando tentamos o impossível, e nos conduz ao justo esforço na direção do que é possível".

É fácil compreender que se chega a essa atitude gradualmente, após uma série de tomadas de consciência que contribuem, pouco a pouco, para formar dentro de nós uma espécie de "pano de fundo consciencial", estável e luminoso. Esse pano de fundo é formado sobretudo por uma conquista precisa: a "confiança metafísica", baseada na convicção profunda e intuitiva de que a vida tem um significado e de que não estamos aqui na Terra para viver de modo superficial e inútil, mas para evoluir, para tomar consciência da nossa verdadeira essência, para realizar um projeto que gradualmente se revelará a nós. Isso acontecerá por meio das experiências que encontramos e que devem ser acolhidas e interpretadas, como se fossem testes psicológicos a ser resolvidos.

Essa confiança básica nos predispõe a aceitar todos os acontecimentos como lições a ser aprendidas, como estímulos para despertar nossa consciência adormecida, tudo o que for útil, benéfico e necessário para o nosso crescimento e para a nossa realização, mesmo quando nos parecer incompreensível, absurdo e injusto.

A aceitação, portanto, não é uma qualidade moral que possamos desenvolver com a boa vontade, com o esforço. Ela é um estado de consciência que alcançamos, como já foi dito, depois de vários amadurecimentos e superações. Ela pode nos ajudar a reconhecer os obstáculos que existem dentro de nós para essa realização.

O primeiro obstáculo, o mais forte, é o eu pessoal. Por ser construído e falso, o eu pessoal assume um papel predominante na personalidade, criando obstáculos para a manifestação do Verdadeiro Eu.

Esse eu construído é freqüentemente dotado de vontade forte, porém egoísta, de orgulho, de arrogância, de auto-afirmação e da ilusória certeza interior de ser capaz de dominar e controlar o destino e organizar a vida conforme seus próprios planos.

Se os seus planos não se concretizam — devido à intervenção de uma Vontade Superior —, a pessoa que possui esse eu reage com violenta rebelião e cega obstinação, as quais o ofuscam e lhe impedem a aceitação. Ele se torna, então, mais obstinado e rígido, aumentando na mesma medida seu sofrimento. Esse tipo de reação pode ocasionar sérias conseqüências, como doenças graves ou formas de neurose difíceis de curar.

Nas pessoas mais emotivas, os obstáculos são de outro gênero, pois eles nascem de uma natureza emocional descontrolada e imatura. Apresenta-se, portanto, a ansiedade, a angústia, o medo de sofrer, a depressão que pode levar ao desespero e ao suicídio.

Esses obstáculos se revelam não só diante de provações dolorosas como também diante de todas as dificuldades da vida que exijam empenho, senso de responsabilidade, senso de sacrifício e capacidade de auto-renovação.

Por outro lado, as pessoas que mais facilmente demonstram aceitação são aquelas dotadas de humildade, compreensão, adaptação, capacidade de sacrifício, sabedoria, objetividade, força interior, otimismo, confiança na vida e profunda paciência.

Esse tipo de paciência é específico. Não significa exatamente saber suportar, saber sofrer. Significa, sobretudo, "saber esperar que os acontecimentos revelem seu significado e sua mensagem".

O *homo patiens* de que fala V. E. Frankl é aquele que, diante do sofrimento, assume uma atitude particular de escuta e espera; aquele que sabe acolher em si a provação, para extrair todo o ensinamento que ela contém. Significa, de resto, tudo aquilo que é sugerido pela própria palavra "aceito", derivada do latim *accipio* (acolho, recebo, chamo a mim, estou de acordo).

Essa atitude talvez pareça muito difícil de ser alcançada, mas na verdade ela é possível ao homem pois representa uma modalidade inata da consciência, que pode ser evocada cultivando momentos de silêncio, de relaxamento e de interiorização, os quais nos põem em contato com um nível mais profundo de percepção consciente — é desse nível que podemos extrair a força, a sabedoria e a confiança para enfrentar todos os acontecimentos.

Nós ocidentais, pela vida ativa, frenética e extrovertida que geralmente levamos, acabamos por negligenciar e reprimir essa modalidade inata da consciência. Os orientais, por outro lado, com a prática da meditação, do silêncio e da interiorização, a conhecem e utilizam-na mais facilmente.

Na realidade, o objetivo deveria ser o equilíbrio entre vida exterior e vida interior, alternando extroversão e introversão, atividade e momentos de silêncio.

A aceitação e a escuta da vida são objetivos possíveis a todos, uma vez que se alcance o equilíbrio e a síntese dos dois pólos de receptividade e atividade. Como já dissemos, a aceitação não é uma atitude passiva; ela é uma adesão consciente a tudo o que acontece, mas sem se deixar vencer por nada, como diz Allan Watts em seu livro *Lo Zen* [O zen]: "Aquele que sabe dominar a vida nunca se opõe às coisas, nunca tenta mudá-las afirmando a si mesmo contra elas. Entrega-se à força delas quando o atacam com plena carga, afasta-as suavemente para fora da linha reta e as faz voltar quando tomam a direção oposta, sem nunca enfrentá-las diretamente. Ou seja, ele as trata de modo positivo, tomando-as em confiança, não lhes opondo uma recusa direta".

Também Corrado Pensa, estudioso do budismo e das religiões orientais, em seu livro *La tranquilla passione* [A tranqüila paixão], reconhece que existe um número infinito de pessoas que quase nunca estão de acordo com aquilo que acontece. A atitude básica dessas pessoas é a de crítica, de superioridade, de não-adesão. Elas vivem em um estado de contínua irritação, de tensão, de julgamento, de não-relaxamento, de não-aceitação do modo de ser dos outros, seus desejos e seus modos de pensar. Existe nessas pessoas o hábito estratificado de se sentirem juízes que sabem de tudo e a quem nada agrada.

Quanta estrada temos de percorrer antes de alcançarmos a aceitação da dor!

Podemos dizer, portanto, que a aceitação é um estado de consciência no qual deveríamos investir toda a nossa expressão e toda a nossa atitude; mas, fundamentalmente, três são os campos nos quais deveremos exercitar sua influência:

a. com os acontecimentos da vida
b. com os outros
c. com nós mesmos

Cada um de nós, analisando-se, poderá descobrir em qual campo sabe expressar mais facilmente a aceitação.

A aceitação da vida, dos outros e de nós mesmos cria a justa condição interior para enfrentarmos as provações e os sofrimentos que se apresentarem a nós e, desse modo, alcançarmos a serenidade. Se não aceitamos a vida, tornamo-nos infelizes e pessimistas e nos cristalizamos em um estado de amargura, rebelião e auto-comiseração sem esperança.

Se não aceitamos os outros, nos isolamos, tornamo-nos áridos, incapazes de relacionamento e amor, e é como se também nos separássemos da nossa alma e da fonte da vida e da alegria.

Se não aceitamos a nós mesmos, vivemos em um contínuo conflito interior, separados e divididos entre tendências opostas, aprisionados em um eu orgulhoso que impede nosso crescimento; desse modo, caímos presa de perturbações, angústias e neuroses.

A aceitação, portanto, é o pressuposto indispensável para se iniciar um processo de libertação do sofrimento.

Existem meios e atitudes que podem favorecer o alcance da aceitação, qualquer que seja o campo no qual desejamos manifestá-la.

Um método muito eficaz — que poderíamos chamar de "meditativo" — considera toda a personalidade, com seus três veículos: o físico, o emocional e o mental. Esse método é útil em várias situações: quando nos encontramos diante de uma provação difícil; quando precisamos enfrentar uma pessoa com a qual temos uma dificuldade de relacionamento; quando existe algum aspecto de nós mesmos que não sabemos aceitar. Esse método se desenvolve em três fases:

1. O corpo físico deve ser levado a um estado de completo relaxamento, de modo que não haja nele qualquer tensão. O fato é que, diante de um *stress* ou de um problema a ser resolvido, nosso corpo

se torna tenso e rígido, como se precisasse se preparar para uma luta. Isso tem de ser evitado.

2. O corpo emocional precisa entrar em um estado de completa calma e estabilidade, preenchendo-se com sentimentos de confiança profunda e total. Ele deve, em outras palavras, estar aberto e receptivo.

3. Também a mente tem de entrar em um estado de silêncio e receptividade, permanecendo lúcida e atenta para ser capaz de, num segundo momento, interpretar as eventuais intuições.

Esse método favorece a sintonização de todos os três veículos, ajuda a superar toda ansiedade e toda expectativa e faz emergir o centro de consciência lúcido e desapegado.

Desse modo damos início a um processo interior que produz o desenvolvimento da verdadeira percepção consciente, da capacidade de auto-observação, para podermos ver com clareza as causas da nossa "não-aceitação".

Corrado Pensa, em seu livro já citado, diz-nos que o segredo para demonstrarmos a aceitação está em nos tornarmos conscientes da não-aceitação. "O preceito fundamental não é se esforçar para aceitar, mas se esforçar para observar melhor em que consiste a não-aceitação. (....) A percepção consciente da não-aceitação está prenhe de aceitação, traz em seu seio a aceitação."

Ele enfatiza a importância da percepção consciente como fator fundamental para a evolução humana, porque ela é uma força e uma luz que provêm do Eu.

Essa percepção consciente é o início do caminho porque nos dá a capacidade de reconhecermos nossas imperfeições, os obstáculos existentes dentro de nós, e a confiança e a força para podermos superá-los.

Na verdade, ainda citando Corrado Pensa, "toda negatividade, defeito ou imperfeição tem de ser considerado relativo e temporário,

(...) não importa quantos erros possamos ter cometido, porque a natureza última de todo ser humano é perfeita e positiva". E ele continua, dizendo: "Se é verdade que a natureza última de cada um de nós é perfeita e positiva, será que ela não começa a se manifestar justamente por meio da percepção consciente? Acaso não seria a percepção consciente (...) um raio dessa luz primordial? Um raio que rompe as nuvens da não-aceitação?"

Essas palavras de Corrado Pensa nos fazem compreender que somente poderemos chegar à aceitação por meio do desenvolvimento da consciência, ou seja, por meio da verdadeira percepção consciente, a qual nos permite vermos a nós mesmos em profundidade sem ilusões. Compreendemos, assim, que o alcançamento da aceitação se baseia sobretudo na aceitação de nós mesmos; essa talvez seja a nossa tarefa mais difícil.

Não conseguiremos aceitar a vida em sua totalidade e aceitar os outros se, primeiro, não aceitarmos a nós mesmos, reconhecendo nossa dualidade, aprendendo que o "mal" não passa de um uso equivocado das energias de que somos compostos e depende do nosso estado de inconsciência e escuridão.

Precisamos, por meio da interiorização, do silêncio e da observação de nós mesmos, "agarrar o fio da consciência" e entrar em um estado de calma, de confiança e de escuta, para acolher todos os acontecimentos com os quais nos defrontemos, vendo-os como um mestre que quer nos ensinar alguma coisa.

Tem de surgir dentro de nós a certeza de que tudo "trabalha para o bem" e, mesmo que não possamos ver diretamente esse bem último, precisamos ter a confiança e a paciência para saber esperar.

A aceitação, portanto, não é uma renúncia. Ela é uma vitória que produz um sentimento de expansão, de liberdade e de alegria.

Questionário

1. Você compreendeu o significado profundo da aceitação?

2. Você confunde aceitação com resignação passiva, fraqueza ou indolência?

3. Por que a aceitação pode ser interpretada como um "método" e uma técnica?

4. Qual é o seu veículo pessoal menos sensível à aceitação, por ser o mais rígido e condicionado: o corpo físico, o corpo emocional ou o corpo mental? Por quê?

5. Você sabe aceitar a si mesmo?

6. Você sabe aceitar os outros?

7. Você sabe aceitar os acontecimentos da vida?

8. Qual dessas três formas de aceitação é mais difícil para você?

9. O que você sente quando consegue aceitar uma provação difícil, vendo seu lado evolutivo: um sentimento de liberdade, uma sensação de alegria, um sentimento de expansão ou maior percepção consciente?

CAPÍTULO 9

Transcender o Sofrimento Por Meio do Desapego

Calmo, desapegado, interiormente livre, habito o Eu silencioso e permito que Sua energia atue por meio de Seus instrumentos naturais.

Sri Aurobindo

Outra qualidade que ajuda o ser humano a usar o próprio sofrimento para crescer e evoluir é o desapego.

À primeira vista, também a palavra "desapego" — assim como ocorre com a palavra "aceitação" — pode ser mal interpretada e suscitar incompreensão e recusa, porque é vista como frieza, insensibilidade e indiferença, ou como renúncia e sacrifício.

Do ponto de vista espiritual, porém, a qualidade do desapego representa uma conquista muito elevada e profunda, fruto de uma série de amadurecimentos e superações interiores que libertam o homem das identificações, confusões e ilusões.

Ao contrário do que poderia parecer, portanto, o desapego não representa uma aridez ou um estreitamento. É uma ampliação da consciência, a qual libera grande força e grande alegria. Na verdade, é uma realização que conduz à libertação do sofrimento.

Para alcançar esse alto nível de consciência, é necessário passar por vários amadurecimentos sucessivos e por um processo gradual de desapego.

O homem não consegue conquistar o verdadeiro e total desapego subitamente, mas sim passando por um processo de simbólica "escalada" interior, subindo uma escada cujos degraus representam cada um dos níveis dos quais ele precisa se desapegar depois de havê-los alcançado.

Todo o caminho evolutivo do homem é constituído pelo conflito entre o passado e o futuro, entre o apego a algo que acreditamos real e indispensável para a nossa vida e a necessidade de deixar esse algo porque ele se transformou em um obstáculo ao nosso crescimento.

Com freqüência nossos apegos são inconscientes, porque são causados por necessidades e carências não resolvidas que condicionam nosso modo de ser e de viver, alterando nossa percepção da realidade. Eles nos fazem acreditar que são uma coisa verdadeira e importante, nos impelem para caminhos equivocados, nos induzem a agarrar tenazmente situações, pessoas e sentimentos aos quais nos deixamos aprisionar... Tudo isso constitui um grande peso morto, impedindo o desenvolvimento da nossa consciência que sempre tende para a realização da nossa essência real, o Eu.

Exatamente por causa desse silencioso e contínuo ímpeto evolutivo, que age sem o percebermos, mais cedo ou mais tarde irá se manifestar a necessidade do desapego, sob a forma de um acontecimento externo ou de uma provação dolorosa que nos forçará à renúncia e à superação, ou sob a forma de uma tomada de consciência, de um amadurecimento interior que nos fará compreender como é errado e ilusório o nosso apego.

Essas duas formas de desapego representam duas experiências bem diferentes entre si. A primeira, que poderia ser definida como "desapego involuntário", inicialmente produz efeitos negativos, tais como a rebelião, a amargura, o sofrimento estéril. A segunda, constituída de um "desapego voluntário e consciente", é sempre evolutiva e produz uma superação e a ampliação da consciência.

Na realidade, essas duas formas de desapego se apresentam em dois diferentes níveis evolutivos durante o longo caminho do homem rumo à auto-realização espiritual e constituem experiências pelas quais ele tem de passar sucessivamente. Quando ele tiver alcançado o verdadeiro e total desapego, haverá um estado de consciência específico, desprovido de qualquer toque de sofrimento, de qualquer sensação de perda e renúncia; em vez disso, haverá o estado pleno de um sentimento de conquista, de liberdade e de alegria, pois é produzido pela expansão e realização interiores.

Podemos dizer, portanto, que o desapego é o "meio" para alcançarmos a libertação e, ao mesmo tempo, o "resultado" da libertação que nos revela, em todo seu esplendor, modo de ser do Eu. Na verdade, o desapego é uma qualidade do Eu, é uma sua expressão natural; por isso, está já latente dentro de nós, como uma força que pressiona incessantemente para vir à luz, porque nós somos o Eu, mesmo se disso não tivermos consciência.

Todo o processo evolutivo do homem é um reconhecimento gradual dessa realidade, constituído por uma série de ampliações da consciência que culminam na revelação da sua Essência.

Antes dessa revelação, portanto, o desapego é um processo evolutivo interior que ajuda a nos libertarmos dos obstáculos que ofuscam nossa consciência e que se apresentam sob a forma de identificações, ilusões e apegos.

É nessa fase, que chamaremos de "ascensional", que o desapego pode ser visto como renúncia, sacrifício e sofrimento, pois existe um atrito entre a inércia da personalidade (que quer se consolidar em suas conquistas, apegando-se a elas) e o impulso dinâmico do Eu (que tende para a liberdade, a realização e a consciência espiritual).

Repetimos: desapego não é sacrifício, mortificação, frieza, insensibilidade ou indiferença, nem tampouco uma forma de ascetismo e negação das expressões humanas de alegria, de afeto, de participação na vida. O desapego é um processo interior natural de crescimento, que nos faz abandonar espontaneamente tudo aquilo que obstrui esse crescimento, tudo aquilo que não nos serve mais, que constitui um bloqueio e um limite, um peso morto e inútil que retarda a evolução.

Toda ampliação da consciência pressupõe a libertação de certos apegos, e por isso podemos definir desapego como a própria técnica da evolução humana.

Se o homem aderisse a esse impulso evolutivo, ele deixaria de sentir o sofrimento do atrito entre a inércia do apego e o ímpeto ascensional do crescimento, porque conseguiria canalizar e transformar as energias aprisionadas e bloqueadas no aspecto inferior, a ser abandonado, e integrá-las no aspecto superior, para o qual ele tende.

O homem, infelizmente, durante um longo período evolutivo permanece inconsciente desse impulso, porque se identifica com a personalidade. A personalidade segue uma lei oposta à da evolução: a lei da inércia e do equilíbrio, útil e necessária no plano da forma material, mas um obstáculo do ponto de vista do desenvolvimento interior. É por isso que todo crescimento é precedido por uma crise e por um conflito, em qualquer nível em que se apresente, como já tivemos ocasião de dizer.

Theillard de Chardin assim define a palavra crise: "A crise nada mais é do que um mal do crescimento, por meio do qual se exprime em nós, como no trabalho de parto, a lei misteriosa que, da mais humilde química à mais elevada síntese do Espírito, faz com que todo processo rumo a uma unidade maior se traduza e se transmita, a cada vez, em termos de trabalho e de esforço".

A maioria da humanidade sofre porque, a cada giro da espiral evolucionária, está sujeita a essa necessidade de abandonar o "menos" pelo "mais", de renunciar a algo inferior por algo superior.

Toda a personalidade, em seu aspecto tríplice (físico, emocional e mental), tem de responder a esse pedido de contínuo desapego e superação que nasce da lei da evolução.

Para podermos atenuar o sofrimento do desapego, precisamos ter sempre em mente que a lei da vida manifesta é o vir-a-ser, o fluir contínuo, e que sua característica fundamental é a impermanência. Só é estável, absoluto e permanente aquilo que pertence ao plano do Espírito transcendente. É o Ser eternamente presente fora do tempo.

Portanto, todas as coisas humanas e pessoais são mutáveis, instáveis e em contínua transformação. Somos nós que queremos detê-las e torná-las eternas e permanentes, quando elas na verdade estão em movimento contínuo, em constante mutação e transformação.

Nós não queremos mudar, não queremos crescer, não queremos abandonar aquilo que realizamos. Iludimo-nos, achando que tudo o que construímos durará por toda a eternidade, e desperdiçamos nosso tempo e energia para torná-lo estável e permanente.

E então surge a necessidade do desapego, sob a forma de um acontecimento inesperado que vem destruir aquilo que estava se cristalizando. Sofremos, portanto, e aprendemos a lição da impermanência à nossa custa; mas, se aceitarmos a provação e compreendermos seu significado, teremos uma luminosa revelação e uma abertura da consciência, que nos compensarão da nossa renúncia.

Diz Emerson: "Deixemos ir nossos anjos da guarda, pois somente quando eles se forem poderemos chegar aos arcanjos".

Essas palavras simbólicas e poéticas expressam o resultado dos sucessivos desapegos ascensionais que, abrindo espaço e vazio dentro de nós, permitem-nos fazer entrar a Luz e a Consciência do Eu.

E então se revela, pouco a pouco, o outro aspecto do desapego que é uma qualidade inata do Eu, um estado de consciência, de liberdade interior constante e estável. É aquele estado que Sri Aurobindo chama de "equanimidade" (*samatha*).

Esse é o desapego como "resultado", que representa a coroação do longo e trabalhoso caminho do desapego ascensional. Nesse nível, o desapego exprime qualidades e manifestações tão elevadas, que exigem o uso da intuição para podermos compreendê-las em sua verdadeira natureza.

Algo que pode nos ajudar a alcançar essa compreensão intuitiva é este poema do livro *La Luce sul Sentiero**, de Mabel Collins:

Deves matar a ambição
matar o desejo de viver
matar o desejo de bem-estar
trabalhar como trabalham os ambiciosos
respeitar a vida como aqueles que a desejam
e ser feliz como quem vive para a felicidade.

Essas palavras expressam conceitos aparentemente contraditórios, mas na verdade escondem o segredo do verdadeiro desapego que dá ao homem o poder de viver todas as manifestações da vida, permanecendo interiormente livre, e de exprimir todas as energias pessoais da "justa maneira", segundo a vontade do Eu.

Esse novo poder é o resultado da união gradual dos dois pólos constituídos pelo Eu e pela personalidade, que representam respectivamente o Espírito e a Matéria. A união desses pólos ocorre gradualmente, de modo inconsciente, durante o percurso ascensional de desapegos sucessivos. Cada um desses desapegos produziu a libertação de uma energia inferior e sua integração com uma energia superior.

Na verdade, nada foi destruído, mas "transformado".

O aspecto mais oculto do desapego — e o mais difícil de ser realizado — é constituído exatamente dessa "simultaneidade" dos dois

---

* *Luz no Caminho*, publicado pela Editora Pensamento, 1976.

aspectos, dos dois níveis de expressão que durante longo tempo consideramos separados, opostos e irreconciliáveis.

Para muitas pessoas, por exemplo, parece impossível expressar o amor de maneira impessoal e desapegada sem cair numa atitude de frieza, de não-participação emocional; tais pessoas não conseguem ver que podemos expressar um amor desapegado mas revestido de calor, de ternura e de verdadeiro interesse pelo outro.

O verdadeiro desapego permite amar desse modo, não exige reciprocidade e não tem expectativas, pois é Verdadeiro Amor pelo Ser Real da outra pessoa. Não nasce da necessidade, de projeções ou ilusões, mas sim do nosso centro de consciência que exprime a energia do Amor do Eu, irradiando como o Sol, espontaneamente, sobre tudo e sobre todos.

Quem sabe amar verdadeiramente não prende a pessoa amada, mas a deixa livre porque deseja a felicidade dela, não a sua própria. No entusiasmo do verdadeiro amor, acontece o desapego e nasce um sentimento de liberdade que não diminui a intensidade do afeto, mas a aumenta; não há sofrimento, mas alegria; não há sacrifício, mas um ato de doação.

Falei do amor porque é uma experiência pela qual todos nós podemos facilmente ter passado, mesmo que por breves momentos. Nos outros aspectos da vida talvez seja mais difícil perceber a simultaneidade entre desapego, liberdade interior e interesse e entusiasmo exteriores, como por exemplo no "desapego dos frutos da ação" descrito no Bhagavad Gita como requisito fundamental do verdadeiro iogue. O verdadeiro artista, por exemplo, movido pela sua criatividade, consegue alcançar essa forma de desapego porque seus motivos são puros e provêm do Eu.

Fica claro, dessas breves notas, que o verdadeiro desapego é o resultado de um longo processo de desidentificação e de libertação que leva o homem a reconhecer sua realidade e a despojar-se de tudo aquilo que a ofusca, a limita e a distorce.

O desapego não é, como talvez tenhamos pensado num primeiro momento, uma renúncia, uma restrição, uma aridez ou uma fuga da vida; ao contrário, é um alargamento, um florescer e uma participação na vida de maneira mais total, alegre e verdadeira, tal como expressa São João da Cruz em seu livro *Salita al Monte Carmelo* [A subida do Monte Carmelo] com estas palavras:

"O homem adquirirá, por meio do desapego, um claro conhecimento das coisas, e assim compreenderá claramente a verdade sobre elas. (...) Alegrar-se-á com elas, portanto, de uma maneira diferente do que faz quem está a elas apegado. Ele as desfruta segundo a verdadeira natureza delas; o outro as desfruta segundo sua enganosa aparência. Um aprecia o lado melhor das coisas; o outro, o lado pior. Um se alegra com aquilo que as coisas substancialmente são; o outro apega-se a elas com os seus sentidos, segundo aquilo que as coisas acidentalmente são."

A meta que o ser humano deve alcançar por meio do desapego, portanto, não é a abstração da vida, a paz transcendente do Ser e a unilateralidade de uma perfeição sobre-humana, mas sim a totalidade, a superação da dualidade entre Espírito e Matéria, entre Ser e Vir-a-ser, em uma síntese superior para realizar assim o estado de consciência admiravelmente expressado na *Voce del Silenzio* [Voz do silêncio] com estas poéticas palavras:

Os ramos da árvore são fustigados pelo vento
mas seu tronco permanece imóvel.
Tanto a ação quanto a não-ação
Devem em ti encontrar lugar:
teu corpo em movimento,
tua mente tranqüila,
tua Alma límpida como um lago na montanha.

Questionário

1. Como você interpreta a palavra desapego? Como um modo de fugir da dor, como indiferença, como renúncia, como refúgio em um nível mais elevado?

2. O que significa "amar com desapego"?

3. Você saberia explicar o significado das seguintes palavras do livro [*Luz no Caminho*]: "Deves matar a ambição, matar o desejo de viver, matar o desejo de bem-estar, trabalhar como trabalham os ambiciosos, respeitar a vida como aqueles que a desejam e ser feliz como quem vive para a felicidade"?

4. Quais apegos impedem o seu progresso interior?

5. Em qual dos três veículos (físico, emocional, mental) você tem uma quantidade maior de apegos?

6. Já houve na sua vida uma crise de desapego? Como você a viveu? Quais efeitos ela produziu em você?

7. Se você soubesse demonstrar o verdadeiro desapego, quais efeitos ele produziria em sua vida e nos seus relacionamentos com os outros?

8. O desapego é uma técnica oculta verdadeira e apropriada: você sabe usar essa técnica?

9. Você consegue compreender a diferença entre o desapego como meio evolutivo ascensional e o desapego como resultado e estado de consciência permanente?

CAPÍTULO 10

Libertar-se do Sofrimento Por Meio da Transformação

*O segredo da transformação está em movermos o
centro da nossa vida para uma consciência superior.*

Sri Aurobindo

No caminho interior do desenvolvimento da consciência, um momento muito importante é aquele no qual o homem descobre que a evolução no plano humano não é um processo de aperfeiçoamento, mas um processo de transformação. O homem, na verdade, é um ser híbrido, que pertence a dois reinos da natureza: ao terceiro reino (o reino animal) e ao quarto reino (o reino humano). Como diz Sri Aurobindo em seu livro *Il ciclo umano* [O ciclo humano], o ser humano é "um anormal que não encontrou sua normalidade. (...) Não é perfeito pela própria natureza, como são as plantas e os animais. Essa imperfeição não chega a ser totalmente deplorável; antes, ela é um privilégio e uma promessa, porque abre ao homem uma visão ilimitada do autodesenvolvimento e da auto-superação".

Essa transformação gradual recebe ajuda do sofrimento, o qual possui um poder sublimatório e evolutivo que o homem descobre quando não apenas aceita o sofrimento mas também quando sabe interpretar seu significado e suas mensagens, focalizando a atenção no interior de si mesmo para tentar ver suas reações como sintomas e sinais daquilo que deve superar e abandonar. É nesse momento que o homem, como diz Sri Aurobindo, "aciona a alavanca de sua evolução", o *Agni*, ou seja, o fogo purificador do sofrimento.

Alcançaremos esse "fogo purificador" se, toda vez que sofremos, em vez de fugir da dor e tentar escapar do tormento, mergulharmos neles, absorvendo-os e vivendo-os plenamente, não com a idéia de vítima ou com mórbido masoquismo, mas com a atitude forte, corajosa e consciente de quem aceita o trabalho e mergulha no fogo do sofrimento, sentindo seu poder criativo e transformador.

O homem é "o laboratório vivo e pensante" que deve produzir o super-homem, a criatura do quinto reino. Ele próprio é o crisol no qual se processa "o opus alquímico" que produzirá esse novo ser.

É esse o segredo do sofrimento, o segredo que temos de desvendar. Todavia, se adquirirmos o hábito de ser espectadores de nós mesmos quando sofremos, poderemos observar, quase que com olhar científico, aquilo que está acontecendo dentro de nós, no nível psíquico e energético dos nossos veículos. Freqüentemente conseguimos perceber uma sensação precisa de "calor", quase de "queimação", como se o sofrimento fosse uma chama que queima e consome.

No momento em que percebemos essa qualidade "ígnea" emitida pelo sofrimento, sabemos que está ocorrendo dentro de nós uma transformação das energias psíquicas. É porque foi despertado o *Agni*, o fogo oculto na matéria do qual falam os orientais e que nos proporciona o poder evolutivo para realizarmos nossa transformação.

Os antigos alquimistas procuravam transformar os metais brutos em ouro, submetendo-os a um calor cada vez mais forte. Simbolicamente, eles estavam tentando extrair o Espírito da Matéria, sublimando-a por meio da combustão.

Para compreender melhor esse processo interior de transformação, talvez seja útil lembrar o que produz o fogo no plano material. No nível físico, o fogo produz primeiro uma aceleração do movimento dos átomos que compõem a matéria submetida à combustão; depois, uma liquefação da própria matéria (como ocorre, por exemplo, com os metais quando submetidos a um calor intenso); e, por fim, uma volatilização, ou seja, uma passagem ao estado aeriforme.

O fogo interior do sofrimento produz um efeito análogo sobre as energias psíquicas que compõem nossa personalidade. Essas energias, embora sendo mais sutis que a matéria física, continuam a ser sempre matéria quando comparadas com as energias espirituais.

A dor moral, entendida como chama, acelera a vibração das energias psíquicas e as faz passar de um estado mais denso e grosseiro para um estado mais luminoso, puro e livre, semelhante ao das energias espirituais. Essa "alquimia psicológica" produz não somente um amadurecimento ou um aperfeiçoamento moral como também uma verdadeira e legítima transformação, que tem suas fases, suas leis, seus sintomas e seus resultados.

Podemos agora perguntar: "O que é realmente esse fogo emitido pelo sofrimento?" Nesse momento podemos responder a essa pergunta dizendo que existe um fogo latente na própria matéria, como já sugerimos, o qual é liberado em função do atrito entre o impulso evolutivo do Espírito e a resistência da Matéria, a qual é estática e inerte por natureza. Esse fogo emitido pelo atrito é chamado, nas doutrinas esotéricas, de "fogo por fricção".

A dor que sentimos, portanto, é a manifestação emocional e moral desse atrito, que produz "combustão" e gradualmente transforma em consciência todas as energias existentes na complexa estrutura psicofísica do homem.

Sabemos que o homem — seja considerado em sua estrutura corporal, seja em sua complexidade psíquica — é realmente um conjunto de forças e energias, das quais nem sempre estamos conscientes.

Podemos, portanto, fazer nossas estas palavras de Sri Aurobindo: "A história da nossa evolução terrestre (...) é a história de uma lenta conversão da força em consciência e (...) todo o progresso evolutivo, no final das contas, é medido apenas e tão-somente pela capacidade de libertar o elemento consciência do elemento força".

Todo o nosso ser deve transformar-se em consciência. O que significam essas palavras? Elas significam "reconstruir a unidade entre Espírito e Matéria". O homem, como já dissemos e repetimos, é uma dualidade, é o ponto de encontro de Espírito e Matéria.

Seu objetivo é o de superar essa dualidade, "espiritualizando a Matéria e materializando o Espírito". Esse processo faz emergir uma realidade total: a consciência do Eu, que é o Verdadeiro Homem.

Isso acontece lentamente e em degraus, por meio de um longo trabalho que não está isento de conflitos, crises e de todo aquele conjunto de sofrimentos que o homem durante longo tempo atribui a causas externas, até o momento em que se dá conta de que a verdadeira causa da dor está oculta dentro de si mesmo.

Na verdade, chega um momento em que o homem começa a passar por períodos de mal-estar, desconforto e sofrimento, os quais parecem se manifestar sem causa aparente. Essas perturbações se apresentam tanto sob forma psicológica e moral quanto sob a forma de distúrbios físicos que não têm qualquer causa orgânica real.

Todas essas perturbações — ou mesmo doenças — têm um caráter puramente "funcional", refratário às substâncias farmacológicas comuns, e são catalogadas como distúrbios psicossomáticos. Mas, o que são realmente essas perturbações? De que elas provêm?

Se elas se apresentam num indivíduo que já está trilhando um caminho de autoformação espiritual e desenvolvimento da consciência, poderiam ser o sintoma e o sinal de uma transformação em andamento, da qual o indivíduo não está consciente e à qual opõe, por isso, uma resistência inconsciente.

Essa pessoa deveria, então, tentar se analisar, observar-se, desidentificando-se de sua personalidade para compreender qual é o obstáculo, qual é o aspecto de si mesmo que não quer mudar, que não quer crescer e que se opõe, portanto, à transformação.

Todo tipo de sofrimento, seja ele emocional ou físico, como dissemos, é sempre o sintoma de um atrito e de uma resistência entre o passado cristalizado na matéria e o futuro que nos abre caminho para a realização. O que podemos fazer para superar esses bloqueios à transformação, que produzem em nós sofrimento e desconforto? Precisamos aderir ao impulso evolutivo, voltando-nos para a aspiração interior que nasce da consciência espiritual que está se manifestando em nós. Devemos lembrar que toda a vida é regulada pela grande Lei do Sacrifício, que assim se enuncia: "Nada do que existe no nível inferior pode se manifestar sem o sacrifício daquilo que é superior, e nada do que é superior pode se manifestar sem o sacrifício daquilo que é inferior".

O sacrifício não deve ser interpretado como uma renúncia dolorosa, mas como um ato "sagrado", o que é bem expressado por estas palavras de Sri Aurobindo: "A verdadeira essência do sacrifício não é a imolação, mas a doação de si mesmo. Seu objetivo não é a anulação, mas o dar de si; seu método não é a mortificação, mas uma vida maior; não uma mutilação, mas uma transformação dos nossos membros humanos naturais em membros divinos".

Ao nos transformarmos, na verdade, não apenas espiritualizamos a Matéria como também materializamos o Espírito, valendo-nos desse modo da lei do sacrifício. Enquanto a Matéria se eleva, transforma-se e é sublimada, o Espírito (a energia do Eu) desce, encarna na personalidade e se expressa. Existe na realidade uma interação, uma atração, um intercâmbio entre o pólo espiritual e o pólo material. Ambos se transformam e a matéria se purifica, se liberta da inércia, do mecanicismo, do peso de seus antigos condicionamentos. O Eu se expressa manifestando, por meio da personalidade, todas as suas qualidades, tornando-as ativas e eficazes na vida.

Ocorre, portanto, uma integração entre os dois pólos, levando à criação de um novo ser: o homem realizado.

Esse processo, como dissemos, acontece em degraus e por meio de sucessivas superações e transformações que nos libertam gradativamente do sofrimento e nos fazem experimentar estados interiores cada vez mais luminosos de paz, de serenidade e de alegria espiritual.

Questionário

1. Qual é a diferença entre "aperfeiçoamento" e "transformação"?

2. Por que se diz que o homem é um "anormal" que ainda precisa encontrar sua "normalidade"?

3. Quais reações demonstram que está ocorrendo dentro de você uma "transformação" e que você mesmo é o crisol no qual essa transformação se realiza?

4. Você já passou pelo sofrimento da transformação e da sublimação?

5. Você já viveu o conflito entre os dois pólos de Espírito e Matéria?

6. Você soube utilizar esse conflito e superá-lo subindo um pouco mais alto?

7. Quais aspectos de si mesmo necessitam ser transformados e sublimados?

8. Quais reações a palavra "sacrifício" provoca em você? Você a interpreta como dolorosa renúncia ou como uma atitude espontânea de oferenda ao Divino?

9. Você já tentou intuir quais seriam as qualidades e as características de um ser humano completamente transformado?

CAPÍTULO 11

A Descoberta da Felicidade
e da Alegria Interior

Reflete sobre a alegria, a felicidade e a bem-aventurança, pois elas abrem os canais da vida interior.

A. A. Bailey

O sintoma mais significativo do processo de transformação que, em certo ponto, começa a se realizar dentro de nós é a gradual libertação do sofrimento.

Essa libertação é determinada por uma precisa mudança interior que ocorre lentamente na nossa consciência, e não por alguma mudança nos acontecimentos e situações externos à nossa vida. Dificuldades, provações, acontecimentos graves e dramáticos ainda poderão continuar se apresentando no nosso caminho, mas nossa atitude e nossas reações a eles serão completamente diferentes.

Nosso estado de consciência terá mudado: não somos mais o que éramos antes.

A própria palavra "transformação" indica uma mudança em andamento dentro de nós, que produz algo totalmente novo. A transformação é um ato criativo, porque é produzida por uma integração gradativa entre o Espírito e a Matéria, os quais representam simbolicamente dois pólos complementares, como vimos no capítulo precedente.

Integração e unificação totais, porém, são precedidas por um período, mais ou menos longo, de intercâmbio gradual entre esses dois aspectos, que é gerado por uma atração recíproca. Ocorrem, assim, contatos esporádicos e intervalados, semelhantes a "curto-circuitos", os quais, embora não produzam mudanças definitivas, preparam para a integração completa.

Existe, portanto, uma interação entre o Eu (que desce, em termos simbólicos) e a personalidade que se eleva. A cada contato se produz uma mudança, seja na personalidade, seja no Eu. A personalidade se purifica, aprimora-se e se liberta gradualmente de tudo aquilo que construiu na fase em que ainda não possuía a verdadeira consciência (isto é, na fase dos apegos, das ilusões, dos hábitos, dos mecanismos etc.) para reencontrar sua verdadeira função: instrumento de expressão do Eu.

Por outro lado, quando o Eu se inclina na direção da personalidade, ele se aproxima cada vez mais dos veículos pessoais para poder se expressar, tomar forma, individualizar-se (ou seja, definir-se e se reconhecer manifestando todas as suas qualidades, poderes e energias) e assim realizar seu propósito de evolução e serviço. Desse modo, os dois aspectos se integram e ambos se transformam criando uma nova realidade, um novo ser, o homem do futuro, criatura do Quinto Reino.

Essa ocorrência, porém, exige um processo de transformação longo e gradual, cultivado por pequenas e sucessivas mudanças e superações.

Sempre que a nossa personalidade conseguir, por meio de uma sublimação, abrir espaço dentro de si para acolher a energia espiritual que procura continuamente se expressar, teremos dado mais um passo rumo a essa realização.

O sintoma mais indicativo, como dissemos no início deste capítulo, é a gradativa libertação da pesada cadeia de dor e sofrimento, bem como a experiência, cada vez mais freqüente, de momentos de alegria e serenidade interior.

A dor, na verdade, é produzida pelo conflito entre duas forças contrastantes.

Escreve Annie Besant em seu livro *Sapienza Antica* [A Antiga Sabedoria]: "Em um ser perfeitamente harmonizado, a dor não pode existir. Com a cessação da luta cessa também a dor, porque esta provém do desacordo, do atrito, dos movimentos antagônicos; e quando toda a natureza age em perfeita harmonia, não se encontram as condições que dão origem à dor".

É a superação do dualismo, portanto, que nos permite enfrentar as provações da vida de uma maneira diferente do que fazíamos antes, mesmo que as provações ainda possam continuar se apresentando em nosso caminho.

Desse modo, nossa visão das coisas e dos acontecimentos será diferente da de antes, permitindo-nos afirmar, como a mística francesa Elisabetta Leseur, que "Sofrer e ser infeliz não é realmente a mesma coisa". Poderemos sofrer de fato, porque submetidos a uma difícil provação, mas não nos sentiremos infelizes — porque teremos consciência de estar vivendo o atrito e o tormento produzidos pelas duas forças: a força do Eu e a força da personalidade, que ainda não estão unidas. E descobriremos então o caráter evolutivo e criativo da dor que estamos vivendo. Nosso estado de consciência permanecerá inalterado e dele nascerá uma força que nos colocará do lado do Eu.

Antes que tenha início a transformação, defendemos obstinadamente os pressupostos diretos da personalidade, suas necessidades, seus apegos, suas ilusórias pretensões. Mas depois de havermos percebido uma nova visão da realidade, nossa atitude interior se transforma; deixamos de nos opor aos acontecimentos e, como dissemos, nos colocamos do lado do Eu e colaboramos com a força evolutiva. Reside, exatamente aí, a diferença entre "antes" e "depois". Dessa atitude diferente derivam a paz e a serenidade, que permanecem inalteradas mesmo em meio às mais difíceis provações.

Conquistar a serenidade e a paz interiores, estáveis e inalteradas, é uma etapa necessária para podermos alçar vôo rumo a estados mais elevados de alegria e bem-aventurança espiritual, como já enfatizamos no Capítulo 4 (A ilusão da felicidade).

Esse estado corresponde à equanimidade de que fala Sri Aurobindo. Uma qualidade que nasce da obtenção de um estado de consciência que nunca é ofuscado ou perturbado e que é semelhante a um céu límpido e azul, sempre sereno por trás das nuvens.

Quando tem início a transformação e integração dos dois pólos, esse estado interior se torna ainda mais estável e consciente; forma-se também, ao mesmo tempo, um centro de autoconsciência, não identificado com a personalidade. Esse centro não só é capaz de observar todos os conteúdos psicológicos e os movimentos de energia dos veículos pessoais, sem ser por eles envolvido, mas também constitui uma ponte, um intermediário entre a personalidade e o Eu. Podemos imaginá-lo simbolicamente como uma figura humana com um braço estendido para o Céu e um braço voltado para a Terra, tentando aproximar e unir o Céu e a Terra. Trata-se, com efeito, de um centro não só de consciência como também de síntese.

Muitas pessoas experimentam esse centro de maneira intermitente, somente em momentos específicos de emergência ou de elevação. Mas ele deveria se tornar estável, uma Presença invisível que nunca nos abandona, qualquer que seja a situação em que nos encontremos, seja ela feliz ou dolorosa. Uma Presença sem a qual não poderemos transformar nossas experiências em consciência, unindo a Matéria ao Espírito.

Quando conseguimos passar por essa transformação, mesmo que por breve instante, experimentamos estados de serenidade e alegria que têm um caráter particular, pois são completamente diferentes de todos os outros tipos de felicidade que possamos ter provado antes.

Essas experiências parecem não ter uma causa, apresentam-se de repente, dando-nos um estado interior de perfeita harmonia, paz e beatitude que não pode ser descrito em palavras. Constituem verdadeiramente uma descoberta e uma revelação, e nos abrem a visão sobre uma realidade diversa, sobre um mundo infinito dentro de nós, onde não existe a dor, o mal, o conflito e o medo, mas somente luz, beatitude e amor.

Para compreendermos melhor essas experiências momentâneas de alegria interior, impossíveis de se descrever em palavras, podemos compará-las com aquilo que Abraham Maslow, psicólogo norte-americano, descreve como as "experiências de pico" (*peak experiences*) que se apresentam em algumas pessoas em momentos específicos de intenso senso de identidade e auto-realização, sem causa aparente.

O estado de alegria e harmonia produzido por elas se caracteriza pela cessação de todo dualismo, divisão e dicotomia. As pessoas que o experimentam, diz Maslow, sentem-se completas, centradas, capazes de dar amor, livres e criativas. A descrição dessa experiência nos faz pensar que elas são estados produzidos exatamente por um momento inconsciente de união entre a personalidade e o Eu; ou seja, entre a parte humana e a realidade transcendente e supraconsciente.

Os momentos de alegria que podemos perceber por intermédio da transformação deixam em nós uma impressão específica e nos transformam completamente. Desse momento em diante, começamos a descobrir a natureza particular da verdadeira alegria — ela não nasce da satisfação das necessidades e desejos da personalidade, como antes acreditávamos, mas sim do contato, mesmo que momentâneo, com uma realidade espiritual e transcendente que existe dentro de nós, cuja natureza é a Beatitude.

Percebemos a profunda diferença que existe entre a chamada felicidade — produzida pela satisfação das necessidades e desejos da personalidade, com seu caráter de euforia, agitação, quase embriaguez — e esses instantes de alegria interior que, embora intensos, são profundamente calmos e têm um caráter de permanência e estabilidade: eles não produzem a precipitação e a ansiedade causadas pelo medo de perdê-los, porque estão fora do tempo e têm um sinal de eternidade. Eles contêm o pressentimento da alegria do Divino, que é eterna e imutável.

Chega-se a essa experiência gradualmente, por meio de um processo de aprimoramento e elevação da vibração dos veículos, que também pode se desenvolver de maneira inconsciente. No nível consciente, há sintomas e sinais indicativos que podem nos fazer supor que esteja ocorrendo em nós uma transformação. Tudo aquilo que antes nos causava alegria e felicidade agora não mais nos satisfaz, agora nos parece opaco e inconsistente, agora perde intensidade e importância diante dos estados de total satisfação. Isso resulta do fato de nossos veículos pessoais estarem se aprimorando e purificando. Mudam nossos gostos, as emoções violentas e agitadas nos cansam; começamos a perceber sentimentos e emoções mais pacíficos e sutis, como ouvir uma bela música, contemplar a beleza da natureza e da arte, a comunhão com os outros, as verdadeiras amizades.

São sentimentos calmos, profundos e reais, desprovidos de egoísmo e de egocentrismo. Às vezes sentimos também a alegria mental, aquela que se origina da compreensão de novas verdades, da ampliação da visão, da libertação dos preconceitos e deficiências da mente, a qual se torna aos poucos um instrumento límpido e luminoso do conhecimento. Nossos veículos, portanto, transformam-se, elevam-se e se abrem à energia do Eu. Desse modo, aproximamo-nos passo a passo da experiência da alegria espiritual, com uma interiorização cada vez mais profunda, na qual vamos além das formas e começamos a perceber a realidade das coisas por trás de sua aparência.

Uma vez alcançada essa sensibilidade interior e a experiência da verdadeira alegria, descobrimos que aquilo que no passado nos causava sofrimento agora não mais nos afeta, porque sentimos sua limitação e suas circunstâncias. Movemo-nos na direção da eternidade, num estado de consciência fora do tempo, no qual não damos importância ao que perdemos porque só poderá ser tirado de nós aquilo que *temos*, nunca aquilo que *somos*.

Antes de alcançar a total e completa experiência da alegria espiritual, por intermédio dos nossos momentos fugazes de contato com o nível do Eu, podemos também conseguir compreender a diferença entre aquilo que antes acreditávamos ser a felicidade e a verdadeira alegria produzida pela transformação.

Quando conseguimos aproximar os dois pólos, fazemos também outra descoberta importante: o dualismo na verdade não existe, ele é ilusório. Ele foi criado pela nossa inconsciência e nossa involuntária identificação com a forma.

Essa descoberta nos faz compreender que não devemos "construir" nada, mas apenas tomar consciência daquilo que já existe dentro de nós.

"Devemos nos tornar aquilo que já somos."

Nosso sofrimento também é constituído pelo esforço extenuante que estamos fazendo, sem nos dar conta, para tomar consciência daquilo que já é.

Certo dia, um discípulo perguntou a Buda: "Qual é a diferença entre tu e eu?"

Buda respondeu que não existia qualquer diferença entre eles, exceto a diferença criada pelo fato de ele, Buda, ser "consciente".

Esse relato vem confirmar que a evolução do homem consiste fundamentalmente no desenvolvimento da consciência, ou seja, no gradativo reconhecimento de sua natureza divina.

Todavia, o homem precisa passar pelas várias fases de obscuridade, de ignorância e de inconsciência, sofrendo a ilusão de estar separado do Divino e o conflito do dualismo, porque sua missão não é apenas a de reconhecer sua origem e fazer a experiência de sua parte transcendente. Sua missão também inclui extrair da Matéria a energia espiritual nela aprisionada e, ao fazê-lo, devolver a Matéria à sua verdadeira função: reunir-se ao Espírito.

O sofrimento, portanto, constitui o "crisol", semelhante àquele com o qual trabalhavam os antigos alquimistas para extrair o ouro dos metais brutos que já o continham. Para que o ouro pudesse ser extraído, porém, era necessário passar por várias temperaturas, cada vez mais elevadas, e por várias mudanças de estado. Na verdade, como diz um antigo dito alquímico: "Não poderás encontrar ouro se já não o possuíres". Tampouco poderíamos extrair o Espírito da Matéria se o Espírito já não estivesse contido nela.

O sofrimento, pois, é semelhante ao fogo que arde sob o crisol e faz libertar-se da personalidade (matéria) a força sublimatória que ela possui, capaz de criar algo novo.

Quando isso acontece, manifesta-se um novo estado de consciência que é essencialmente "alegria".

Questionário

1. Você já passou por momentos inesperados de alegria e beatitude, sem causa aparente, depois de uma provação grave ou dolorosa?

2. Você acredita que seja possível conservarmos um estado interior de serenidade também quando sofremos?

3. O que significam estas palavras de E. Leseur: "Sofrer e ser infeliz não é a mesma coisa"?

4. Você sente dentro de si a presença de um centro de consciência estável, calmo e constante?

5. Você já conseguiu constatar se está ocorrendo, dentro de si, uma mudança e um aprimoramento a respeito daquilo que lhe traz felicidade ou prazer?

6. Aquilo que antes lhe dava prazer ou alegria continua a satisfazer você? Ou não mais o satisfaz?

7. Você está tomando consciência da diferença entre emoções e sentimentos ilusórios e limitados, e sensibilidade e estados interiores mais elevados e profundos?

8. Você já experimentou um estado de harmonia, de totalidade e de unificação interior?

9. De que modo você acredita poder alcançar estavelmente esse estado de consciência?

CAPÍTULO 12

A Passagem para uma Outra Consciência

Em verdade, em verdade vos digo: quem não nascer de novo, não entrará no Reino de Deus.

Evangelho de São João, 3:3

Chega um momento, súbito e inesperado, em que esse novo estado de consciência — que vivemos nas experiências esporádicas e intervaladas de contato entre os dois pólos de Espírito e Matéria — manifesta-se em todo seu esplendor, trazendo consigo uma mudança total e uma nova visão da vida, juntamente com um estado indescritível de alegria e beatitude.

O caráter dessa mudança não é transitório e momentâneo, mas estável e profundo. Ele assinala o início de um novo ciclo da nossa existência, pois desse momento em diante não poderemos mais recair na inconsciência e na obscuridade; fomos, finalmente, "despertados para a nossa realidade". Tornamo-nos "nós mesmos".

Na verdade, a primeira e fundamental sensação que experimentamos em tal momento é a de despertar de um longo sono de completa inconsciência. Por isso, em todas as tradições espirituais e religiosas essa experiência é chamada de "O Despertar", e aqueles que passam por ela são definidos como "despertos".

Outra característica que acompanha essa passagem para outra consciência é o senso de "auto-reconhecimento", pois finalmente, com clareza e certeza, sentimos nossa essência profunda e nos admiramos de nunca a ter sentido antes. Nesse momento, tal fato nos parece natural e próximo, como se apenas tivéssemos esquecido essa realidade. É como se saíssemos de uma amnésia, recuperando a memória de nosso verdadeiro ser, o qual já nos parece bem conhecido e familiar.

Esse reconhecimento traz consigo uma alegria tão profunda, que cancela completamente a recordação de toda a dor e angústia que experimentamos em outros momentos. Temos a revelação de que o reconhecimento de nós mesmos e da nossa Realidade Divina é exatamente a fonte da beatitude, e de que, por outro lado, a origem de todos os sofrimentos e males humanos reside na identificação com a personalidade, bem como na inconsciência e na obscuridade dali derivadas.

Quando despertamos para a verdadeira consciência, todas as nossas dúvidas e todos os nossos problemas se resolvem. Deixamos de ter dúvidas e interrogações; temos apenas respostas claras.

Allan Watts, falando dessa experiência, escreve que ela produz um imenso alargamento da visão da realidade que nos permite ver todas as coisas "tais como elas realmente são", inseridas numa Realidade Universal onde reina total harmonia, justiça e amor. É um estado de consciência indescritível e inefável, diz Watts, permeado de beatitude, não estática mas dinâmica, que nos faz sentir finalmente vivos e criativos. É o início da verdadeira vida.

Aqueles que "despertaram" são também chamados de "nascidos de novo". Diz Cristo no Evangelho: "Em verdade, em verdade vos digo: quem não nascer de novo, não entrará no Reino de Deus" (João 3:3).

É como se nós, antes do despertar da consciência do Eu, ainda não fôssemos nascidos. É como se estivéssemos ainda imersos na obscuridade pré-natal, como o bebê no ventre materno.

Outro efeito importante que essa nova consciência traz consigo é a visão da nossa própria missão na vida e da direção justa que devemos tomar. A pessoa que despertou abre finalmente os olhos e vê tudo do ponto de vista do Eu; na verdade, descobre ser o Eu, descobre ter sido sempre o Eu embora o tenha esquecido.

Em seu livro *Dei in esilio* [Deuses no exílio], J. J. Van der Leeuw compara essa sensação de inesperada recordação àquela experimentada por quem foi exilado na infância, passando a morar em um país estrangeiro onde viveu durante muitos anos em meio a pessoas desconhecidas, esquecendo sua origem e seu verdadeiro nome.

De repente, uma música, um perfume ou uma voz lhe traz tudo de volta à memória e ele recorda seu nome, sua origem, sua terra natal. É invadido pela profunda alegria de se reconhecer, reencontrando sua identidade.

Essa experiência tão poderosa e fulgurante de despertar produz uma mudança total, uma passagem para outra consciência. Essa meta pode parecer muito difícil e distante para quem ainda não a alcançou, uma experiência reservada a poucos. Na verdade, todos nós estamos caminhando na direção dessa meta, lenta e exaustivamente, sofrendo e lutando, enquanto dentro de nós, sem o sabermos, vai ocorrendo um processo gradual de transformação e desenvolvimento da consciência. Esse processo teve início no momento em que a Semente Divina, oculta em nosso íntimo, começou a se abrir e crescer, nutrida pelas experiências que encontramos, pelos sofrimentos e amadurecimentos que a vida colocou diante de nós.

Nem sempre nos damos conta desse processo inexorável. Mas no momento do Despertar, tomamos consciência de que tudo aquilo que parecia inesperado e inexplicável tinha sido prenunciado, havia longo tempo, pelos fugazes átimos de abertura ao Divino que experimentamos, pelos momentos de elevação, pelos lampejos inesperados de intuição, pelo senso de vazio e ausência de algo que não conseguíamos alcançar. Compreendemos então que já tínhamos pressentido a aproximação do Eu, talvez pela primeira vez, quando percebemos estar vivendo em um estado de semi-sono, imersos na ilusão e na irrealidade. Queríamos despertar, mas não conseguimos, aprisionados que estávamos num senso angustiante de "impossibilidade".

Não compreendemos de imediato que aquele senso de impossibilidade era, verdadeiramente, um sintoma positivo, "a origem de todas as possibilidades", como diz Sri Aurobindo. Esse senso é produzido, com efeito, pela pressão do Eu em luta contra a resistência da personalidade que está inconsciente dele.

É exatamente o estado de inconsciência em que estamos imersos que constitui o grande obstáculo ao despertar do Eu. Esse estado nos acompanha durante a maior parte do nosso caminho evolutivo, criando a dilacerante dualidade da qual falamos várias vezes, que é ao mesmo tempo uma maldição e um privilégio do homem, destinado a construir a ponte entre o Espírito e a Matéria.

Devemos ter sempre presente que o desenvolvimento da consciência é um processo de reunificação longo e difícil, nascido de uma contínua interação do Eu e da personalidade.

Por um lado, o Eu "desce" até a personalidade, para se expressar; por outro lado, a personalidade se sente atraída para o Eu e ao mesmo tempo lhe opõe resistência, porque não deseja deixar suas ilusórias conquistas, seus apegos, e sobretudo não quer abandonar aquele eu falso e construído com o qual se identificava.

Somente poderemos superar essa resistência quando a consciência — que começou a despertar em nós, em resultado dos momentos de elevação e da gradativa transformação das energias — nos fizer compreender como são ilusórios e relativos todos os nossos condicionamentos, todas as nossas necessidades, todas as nossas arrogantes convicções, dando-nos assim a capacidade de termos uma visão justa da realidade. Quando isso acontece, abrimo-nos espontaneamente à nossa parte transcendente, entregamo-nos e oferecemos ao Eu todos os conteúdos e todas as energias da personalidade.

Esse oferecimento se baseia na lei do sacrifício, que não deve ser considerada uma renúncia dolorosa, mas um "ato sagrado" com o qual elevamos as energias dos nossos veículos na direção do Eu a fim de purificá-las e as transformar, canalizando-as na direção justa. Trata-se, na verdade, de um processo de libertação que está ocorrendo dentro de nós, pois no momento mesmo do oferecimento sentimos que se reduz o peso do apego e da ilusão que nos causavam sofrimento.

Quando oferecemos ao Eu os conteúdos da nossa personalidade, superamos o dualismo porque nos identificamos com Ele.

Um instante antes desse oferecimento, estamos ainda na dualidade; mas, quando completamos o ato de sacrifício e damos nossas energias ao Eu e Ele as acolhe, tornamo-nos uno com Ele: somos o Eu. Sentimos então que não estamos privados de nada, que não renunciamos a nada, porque fizemos aquilo que nós mesmos queríamos fazer.

Não existem mais duas vontades, dois eus; existe uma só vontade, um só eu, porque nós somos o Eu.

O despertar também é chamado "metanóia" (do grego *metanoia*, que significa transformação fundamental, conversão). Isso porque, quando passamos para outra consciência e nos identificamos com o Eu, vemos todas as coisas na sua justa posição, "no lugar certo", e nos damos conta de que antes vivíamos "de cabeça para baixo".

Assim como o bebê que, para poder sair do ventre materno e nascer, precisa girar e virar de cabeça para baixo, também o nosso eu pessoal, para poder despertar e vir à luz, saindo da obscuridade da inconsciência, precisa virar de cabeça para baixo.

Esse acontecimento, embora ainda distante, é a meta para a qual tende todo o longo caminho do desenvolvimento da consciência. Tudo aquilo que nos acontece, todos os nossos problemas, os nossos erros, as provações que enfrentamos, o nosso sofrimento, procuram nos conduzir para essa meta e nada mais são do que instrumentos e meios para nos fazer conhecer a direção justa, rumo ao despertar da verdadeira consciência.

Imaginemos uma pirâmide que tenha no vértice a realização da consciência do Eu e na base todos os aspectos da vida quotidiana, com todas as atividades, preocupações, experiências, problemas, angústias e erros envolvidos no viver. À medida que nos elevamos com a consciência — subindo, simbolicamente, rumo ao vértice da pirâmide —, vamos percebendo que todos os nossos interesses e os inúmeros aspectos da nossa vida convergem num único sentido, numa única direção, num único objetivo que brilha no topo da pirâmide: o despertar da nossa Essência Divina.

Como por encanto, essa descoberta resolve todas as divisões, todas as dispersões interiores. Não existe mais nada a escolher, porque tudo serve a um fim único, tudo é vivenciado na profunda percepção consciente da experiência que estamos vivendo e de seu significado evolutivo.

Uma consciência despertada não mais se defende da vida e não mais se opõe à vida. Ela adere à vida, equilibra tudo, transformando cada experiência em oportunidade de crescimento.

É esse o estado de presença e de vigilância contínua e consciente que temos de alcançar e que nos faz perguntar incessantemente o significado das coisas e dos acontecimentos, para compreender se eles estão nos conduzindo para a meta real ou, ao contrário, para um desvio ou uma ilusão.

E então, sustentados pela constante percepção consciente da direção para a qual seguimos, descobrimos o caminho espiritual que se abre e se evidencia claramente diante de nós, conduzindo-nos ao despertar. Começa assim a verdadeira vida, porque adquirimos finalmente a visão límpida da realidade.

A verdadeira vida, portanto, coincide com o caminho espiritual percorrido conscientemente, um caminho que não é externo, mas interior.

Diz um antigo dito espiritual: "Tu não poderás percorrer o Caminho até teres te tornado, tu próprio, o Caminho". Isso significa que o caminho é a consciência do Eu, manifestando-se gradualmente e iluminando os "passos" sucessivos a serem percorridos, os quais formam lentamente todo o caminho interior a ser seguido rumo à completa realização.

Essa realização não tem um caráter apenas individual, mas leva a uma abertura para todos os seres e para a Realidade Universal: ela leva à autotranscendência.

Reconhecer-se no Eu significa desenvolver um sentimento de unidade e amor por tudo o que existe. Tornando-nos plenamente nós mesmos, alcançamos a capacidade do amor, da fraternidade, do compartilhamento, da universalidade e da união. Nasce o impulso para o Serviço, que é definido como o "instinto da Alma", pois é sua expressão natural.

Quando chegamos a esse estado de consciência e vemos esse resultado, sentimos que valeu a pena termos passado pelo crisol do sofrimento. A dor nos parece então ser apenas uma primeira fase do caminho evolutivo da humanidade, um trabalho inevitável e necessário para a transformação das energias aprisionadas e imersas na inconsciência, e para alcançarmos a união entre Espírito e Matéria, que nos levará à libertação e à Beatitude.

Bibliografia

Alberti, A., *L'uomo che soffre, l'uomo che cura*; Pagnini, Florença, 1997.

Assagioli, I., *Dal dolore alla pace*; Ed. Nuova Era, Roma 1972.

Assagioli, Roberto, "Il risveglio dell'Anima" (artigo).

_____. *Lo sviluppo transpersonale*; Astrolabio, Roma, 1998.

_____. "Il processo di liberazione" (artigo).

Bailey, A. A., *Trattato di Magia Bianca*; Ed. Nuova Era, Roma, 1989.

_____. *Guarigione esoterica*; Ed. Nuova Era, Roma, 1974.

Batà, Angela Maria, *Alla ricerca della Verità*; Ed. Armonia e Sintesi, Roma, 1997 (*À procura da verdade*; Ed. Pensamento, São Paulo, 1984).

_____. *Lo sviluppo della coscienza*; Ed. Armonia e Sintesi, Roma, 1982 (*O desenvolvimento da consciência*; Ed. Pensamento, São Paulo, 1983).

_____. *Conoscere per essere*; Ed. Armonia e Sintesi, Roma, 1995 (*Conhecer para ser*; Ed. Pensamento, São Paulo, 1997).

_____. *Medicina psico-spirituale*; Ed. Armonia e Sintesi, Roma, 1996 (*Medicina psicoespiritual*; Ed. Pensamento, São Paulo, 1984).

_____. "L'esigenza del Trascendente" (artigo).

_____. "Il significato evolutivo del disagio psichico dell'uomo" (artigo).

_____. *Dal sé inferiore al Sé Superiore*; Ed. Nuova Era, Roma, 1989 (*Do eu inferior ao Eu Superior*; Ed. Pensamento, São Paulo, 1984).

_____. *La via del Tao*; Ed. Armonia e Sintesi, Roma, 1993 (*O caminho do Tao ou a Harmonia dos Opostos*; Ed. Pensamento, São Paulo, 1997).

Baumgarten, F., *Le forze regolatrici della vita psichica*; Giunti Barbera, Florença, 1968.

Besant, A., *Sapienza Antica*; Sirio, Trieste, 1965.

Brochmann, G., *L'uomo e la felicità*; Bompiani, Milão, 1953.

Capra, Fritjof, *Il Tao della fisica*; Adelphi, 1992 (*O Tao da física*; Ed. Cultrix, São Paulo, 1985).

Caruso, I. A., *Psicanalisi e sintesi dell'esistenza*; Marietti, 1953.

Collins, Mabel, *La Luce sul Sentiero*; Bocca Editori, Milão, 1945 (*Luz no Caminho*; Ed. Pensamento, São Paulo, 1976).

Dethlefsen, Thorwald, *Malattia e destino*; Mediterranee, Roma, 1993.

Emerson, Ralph Waldo, *Lo Spirito energia vitale*; Ed. Le Monnier, Turim, 1952.

Eckhart, Meister, *Sermoni tedeschi*; Adelphi, Milão, 1994.

Fabry, G., *Introduzione alla logoterapia*; Astrolabio, Roma, 1975.

Ferrucci, P., *Le esperienze delle vette*; Astrolabio, Roma, 1981.

Frankl, V. E., *Alla ricerca del significato della vita*; Mursia, Milão, 1993.

_____. *Uno psicologo nei lager*; Ed. di Comunità, Milão, 1967.

_____. *Homo patiens;* Ed. Oari, Varese, 1972.

Fromm, Erich, *La rivoluzione della speranza;* Etas Compas, Milão, 1978.

_____. *Avere o essere*; Mondadori, Milão, 1977.

_____. *Fuga dalla libertà*; Ed. di Comunità, Milão, 1963.

Jung, C. G., *Psicologia e Alchimia;* Bollati Boringhieri, Turim, 1983.

_____. *Il mistero del fiore d'oro*; Laterza, Bari, 1936.

Maslow, Abraham, *Verso una psicologia dell'essere*; Ubaldini, Roma, 1971.

Merton, Thomas, *L'uomo nuovo*; Ed. Garzanti, Milão, 1965.

Molari, C., "Gioia e dolore nel rapporto fra sé il mondo" (artigo).

Patanjali, *Sutra Yoga*; Ed. Bocca, Turim, 1950.

Pauwels, J. A., *Il mattino dei maghi*; Mondadori, Milão, 1968.

Pensa, C., *La tranquilla passione*; Ubaldini Editore, Roma, 1994.

Reyner, J. H., *Diario di un moderno alchimista*; Casa Editrice Meb Torino, Roma, 1975.

São João da Cruz, *Salita al Monte Carmelo*; Ed. Paoline, Roma, 1955.

Satprem, *L'avventura della coscienza*; Galeati, Ímola 1976.

Sri Aurobindo, *Il ciclo umano*; Arka, Milão, 1969.

_____. *Sintesi dello Yoga* (vols. I, II e III); Astrolabio, Roma, 1967.

Theillard de Chardin, Pierre, *Il fenomeno umano*; Mondadori, Milão, 1990.

Van der Leeuw, J. J., *Dei in esilio*; Edizioni del Graal, Roma, 1951.

_____. *Il fuoco della creazione*; Edizioni del Graal, Roma, 1945.

_____. *La vittoria sull'illusione*; Astrolabio, Roma, 1968.

Von Franz, Marie-Louise, *La morte e i sogni*; Boringhieri, Turim, 1988.

Watts, Alan W., *Lo Zen*; Bompiani, Milão, 1958.

_____. *Il significato della felicità*; Ubaldini, Roma, 1975 (*O significado da felicidade*; Ed. Pensamento, São Paulo, 1983).